Bruderzwist im Hause Israel

Theodor Much/Karl Pfeifer

Bruderzwist im Hause Israel

Judentum zwischen Fundamentalismus und Aufklärung

K&S

Ein Verlag der Donauland-Gruppe im Hause Bertelsmann

ISBN 3-218-00667-8

Einbandgestaltung: Zembsch'Werkstatt, München
unter Verwendung folgender Fotos: Bilderdienst Süddeutscher Verlag (oben links), Bildagentur Thurner/Photonica (oben rechts), Erwin Fieger (unten)
Satz: Zehetner GmbH, A-2105 Oberrohrbach
Druck und Bindung: Wiener Verlag, Himberg bei Wien

Gesetzt nach den Regeln der neuen deutschen Rechtschreibung

Inhalt

Theodor Herzl über Theokratie

Werden wir also am Ende eine Theokratie haben? Nein!

Der Glaube hält uns zusammen – die Wissenschaft macht uns frei.

Wir werden daher theokratische Velleitäten (unkontrollierte und wirkungslose Gefühls- oder Willensregungen) unserer Geistlichen gar nicht aufkommen lassen.

Wir werden sie in ihren Tempeln festzuhalten wissen, wie wir unser Berufsheer in den Kasernen festhalten werden. Heer *und* Klerus *sollen so hoch geehrt werden, wie es ihre schönen Funktionen erfordern und verdienen.*

In den Staat, der sie auszeichnet und besoldet, haben sie nichts dreinzureden, denn sie würden uns äußere und innere Schwierigkeiten heraufbeschwören.

Jeder ist in seinem Bekenntnis oder seinem Unglauben so frei und unbeschränkt wie in seiner Nationalität. Und fügt es sich, dass auch Andersgläubige, Andersnationale unter uns wohnen, so werden wir ihnen einen ehrenvollen Schutz und die Rechtsgleichheit gewähren.

Theodor Herzl, Der jüdische Staat

Vorwort von Theodor Much

Wer die Wahrheit aussagt, hilft dem Recht zum Sieg;
der falsche Zeuge fördert den Betrug.
Sprichwörter 12,17

Wer in aller Öffentlichkeit zum brisanten Gegenwartsthema „innerjüdische Zwistigkeiten“ Stellung nimmt, diese vielfältigen und komplizierten Konflikte, ihre Ursachen und Konsequenzen offen und kritisch analysiert, läuft Gefahr, als „Nestbeschmutzer“ verschrien zu werden. Diese Tatsache war mir während der Beschäftigung mit der Materie stets bewusst, genauso wie mir auch klar war, dass dem Judentum feindlich gesinnte Kreise sich auf Einzelaussagen stürzen könnten, um sie dann – in ihrem Sinne – zu missbrauchen. Trotz all dieser Bedenken meine ich, dass solche Argumente ein Stillschweigen niemals rechtfertigen können, zumal die meisten fundamentalistischen Gruppierungen (mit denen wir uns in unserem Buch beschäftigen) sich sehr wenig um die öffentliche Meinung kümmern und ihre Ziele – oft bestens organisiert und motiviert – entschlossen verfolgen.
Fanatismus und Fundamentalismus sind keine Spezialität des Judentums (einer Konfession, die ethisches Verhalten und Nächstenliebe, Milde in der Gesetzesinterpretation und Verzicht auf Rache fordert, siehe Kapitel „Who is who im religiösen Judentum“), sondern eine Erscheinung, die weltweit und bei allen Religionen vorkommt. Noch vor zehn Jahren hätte ich – selbst in meinen kühnsten Träumen – nicht daran gedacht, mich jemals zu derartigen Themen öffentlich zu äußern. Doch seither hat sich in meinem Leben einiges – damals Unvorhersehbares – ereignet, so vor allem eine immer stärkere Identifikation mit dem progressiven Judentum und damit verbunden unsere Bemühungen um die Errichtung einer jüdisch-progressiven Gemeinde in Wien, einer Stadt, die nie zuvor ein religiös-liberales Judentum gekannt hat. Besonders in den Anfangsjahren von Or Chadasch, der Bewegung für progressives Judentum, erlebten wir am eigenen Leib die üblen Manifestationen von Intoleranz und Fundamentalismus in Form von Vorurteilen, Widerständen, Hass und

Ausgrenzung, alles Erfahrungen, die nicht orthodoxe (progressive und konservative) Juden auch in anderen Ländern – und besonders in Israel – tagtäglich machen müssen. Glücklicherweise haben sich aber in Wien die Widerstände gegen das progressive Judentum mit der Zeit abgeschwächt. Or Chadasch wurde von der Wiener Kultusgemeinde weitgehend akzeptiert, sodass heute Wien eine der wenigen Städte in Europa ist, wo – zumindest bis zu einem gewissen Grad – ein Modus Vivendi zwischen dem moderaten Teil der Orthodoxie und dem progressiven Judentum gefunden wurde.

Trotzdem bleibt die Tatsache bestehen, dass Unwissenheit und Vorurteile gegen das nicht orthodoxe Judentum, selbst unter säkularen Juden, weit verbreitet sind bzw. fundamentalistische Vorstellungen – auch unter nicht wenigen Juden – Akzeptanz finden. Erfahrungsgemäß zeigt sich immer wieder, dass, je weniger ein Mensch über die historischen, gesellschaftlichen und religiösen Entwicklungen im Judentum Bescheid weiß, er umso eher dazu neigt, die fundamentalistischen Gruppierungen im Judentum als die „echten Juden" zu betrachten, ihre Art aufzutreten, zu leben und zu beten als das „einzig wahre Judentum" anzusehen. In Wirklichkeit repräsentieren aber gerade diese fundamentalistischen Gruppierungen nur einen kleinen Teil des (religiösen) Judentums, und ihre starre Auslegung der Halacha (des jüdisch-religiösen Gesetzes) und die Nichtanerkennung geschichtlicher, wissenschaftlicher und gesellschaftlicher Entwicklungen stehen im klaren Widerspruch – wie später gezeigt werden soll – zum wesentlich flexibleren biblischen und rabbinischen Judentum vergangener Zeiten. Dogmen und das Festkleben am geschriebenen Wort sind dem Judentum im Prinzip wesensfremd. Interpretation (der heiligen Schriften und Gesetze) ist das entscheidende Schlüsselwort zum Verständnis des Judentums. Doch gerade die vielfältigen Interpretationsmöglichkeiten der Texte bergen auch Gefahren in sich, denn ein und dasselbe Bibel- und Talmudzitat kann, je nach religiöser und politischer Orientierung, äußerst unterschiedlich – oft konträr – ausgelegt werden.

Mit unserem Buch, das gewiss nicht den Anspruch stellt, ein wissenschaftliches Werk zu sein, und vom Leser keine großen Vorkenntnisse verlangt, beabsichtigen wir sowohl vor den Folgen von Fundamentalismus und Intoleranz zu warnen und die (bisher) schweigende säkulare Mehrheit aufzurütteln, gleichzeitig aber auch die beachtlichen ethischen, humanistischen und pluralistischen Aspekte des Judentums zu beschreiben bzw. auf die gemeinsamen Interessen aller Menschen, die für Demokratie, Rechtsstaat und Vielfalt eintreten, hinzuweisen.

Es muss auch betont werden, dass es nicht legitim ist, die (pluralistische) Orthodoxie automatisch mit Fundamentalismus gleichzusetzen. Es sind vorwiegend die fanatischen orthodoxen Randgruppen – die allerdings (in Israel) übermäßig einflussreich und gefährlich sind –, die jedem demokratisch denkenden Menschen Sorgen machen müssen. Ein Wegschauen aus Bequemlichkeit, Übervorsicht oder politischen Rücksichten führt nur dazu, dass unmittelbar vor unseren Augen fundamentalistische, teilweise gewaltbereite Gruppierungen langsam, aber sicher dem Staat (Israel) ihren Stempel aufdrücken und der großen nicht orthodoxen (und weitgehend säkularen) Mehrheit der Bevölkerung ihre radikalen Vorstellungen von Staat und Religion aufzwingen können.

Und es ist gewiss nicht übertrieben zu behaupten, dass der heute – auch im Christentum und Islam – so weit verbreitete Fundamentalismus letztlich alle unsere demokratischen Grundwerte, jede Verständigung unter den Völkern und Religionen, ja den Fortbestand der gesamten menschlichen Zivilisation gefährdet.

Für fachliche und moralische Hilfeleistung beim Zustandekommen dieses Buches möchte ich mich bei den Rabbinern Dr. Walter Jacob (Pittsburgh/München), Dr. John Rayner (London) und Dr. Mosche Jehudai-Riemer (Newcastle) herzlich bedanken.

Mein Dank gilt aber auch meiner Frau Riitta, die viel Geduld und Verständnis für meine Arbeit aufbrachte. Ich widme dieses Buch meinem Enkel Noah, der altersbedingt noch nichts von Fundamentalismus und Intoleranz wissen kann.

Wien, Juli 1999/5759 *Theodor Much*

Vorwort von Karl Pfeifer

Im Kibbuz, in dem ich aufwuchs, brachte man uns ein menschenfreundliches, universalistisches Judentum nahe. Man hätte schon ein radikaler Pessimist sein müssen, um vorauszusehen, dass in Israel – das die Modernität der jüdischen Welt versinnbildlichen sollte – 51 Jahre nach der Staatsgründung aufgrund des wachsenden Einflusses orthodoxer Parteien der Rechtsstaat ausgehöhlt wird.
Religiöse Toleranz und Demokratie werden von vielen orthodoxen und traditionellen Juden Israels als fremdartig und als grundsätzlicher Gegensatz zu den eigenen – von Gott gegebenen – Werten und zur verehrten Tradition gesehen. Dies führt zum Konflikt mit der säkularen Mehrheit, und es wäre eine Verharmlosung, wollte man dafür lediglich einige wenige Fanatiker und Ultraorthodoxe verantwortlich machen.
Wer die Wirklichkeit so darstellt, wie er sie sieht, kann natürlich beschuldigt werden, dass er damit „den Antisemiten" hilft. Doch wir zitieren heute lebende israelische Rabbiner, die auch in englischer Sprache publizieren und deren skandalöse Aussagen bekannt sind. Die israelischen Medien setzen sich damit auseinander und sehr viele Israelis – darunter auch religiöse Menschen – lehnen diese Aussagen ab.
Dieses Buch ist eine Momentaufnahme, denn Konflikte sind dynamisch und diese oder jene Einzelheit kann sich sehr schnell ändern. Nicht so schnell können die Strukturen geändert werden, als deren Ergebnis die hier geschilderten Konflikte entstanden sind.
Es ist fraglich, ob die 1999 gewählte Regierung in den vier Jahren einer Legislaturperiode diesen Konflikt abbauen kann. Aber der Fanatismus und der religiöse Zwang, die wir in unserem Buch aufzeigen, müssen unbedingt zurückgedrängt werden. Dieser Fanatismus, der auch unter den Juden Israels stärker wird, „ist ein blinder und leidenschaftlicher Eifer, der abergläubischen Anschauungen entspringt und dazu führt, dass man nicht nur ohne Scham und Reue, sondern sogar mit einer Art Freude und Genugtuung lächerliche, ungerechte und grausame Handlungen begeht. Der Fanatismus ist also nichts weiter als ein in die Tat umgesetzter Aberglaube." Diese Erkenntnis

aus der vor mehr als zwei Jahrhunderten herausgegebenen „Enzyklopädie“ von Diderot hat sich im Nahen Osten leider noch nicht durchgesetzt. Wenn Juden und Araber dennoch nicht mehr ihre Jugend im Krieg verlieren wollen, dann müssen sie den Fanatismus – der auf beiden Seiten den Frieden gefährdet – zurückdrängen.
Israel als ein ethnisch-religiöses Ghetto steht im Widerspruch zu der sich entwickelnden großartigen israelisch-hebräischen Kultur, die alle hebräisch sprechenden Einwohner, unabhängig von ihrer Abstammung und Religion, umfasst. Die hier aufgezeigten komplexen Probleme sind aber nur zu lösen, wenn eine pluralistische Gesellschaft angestrebt wird, in der Religionsfreiheit und Freiheit von der Religion verwirklicht werden. Nur so kann der hier geschilderte Bruderzwist abgebaut werden und Israel als moderner Staat, der auch geistiges Zentrum des Judentums ist, weiter bestehen.
Zu besonderem Dank bin ich meiner Frau Dagmar verpflichtet, die mir mit ihren wertvollen Ratschlägen geholfen hat, und den Jerusalemer Universitätsprofessoren Abraham Huss und Jaakov Malkin, die meine Arbeit mit Rat und Tat unterstützt haben.

Wien, Juli 1999 *Karl Pfeifer*

Zahlen und Fakten

Sollte die Definition, wer ein Jude ist, nicht geändert werden, so werden nur mehr die Israelis und die Haredim Juden bleiben. Die säkularen, die Tradition bewahrenden und der Reform angehörenden Juden außerhalb Israels werden langsam verschwinden. Wir, die Israelis, lassen ihnen keine andere Wahl.
Jossi Beilin, Justizminister, Arbeitspartei

Jüdische Bevölkerung heute und im Jahr 2010

	Heute	2010
Israel	4.790.000	5.644.000
Nordamerika	6.062.000	5.939.000
Zentral- und Südamerika	428.000	398.000
Europa*	1.138.000	1.066.000
Ehemalige Sowjetunion	540.000	180.000
Asien und Nordafrika	26.000	28.000
Südafrika und Ozeanien	195.000	175.000
Total	13.179.000	13.430.000

* Davon in Deutschland 78.000, in Österreich 9.000 (anscheinend wurden nur die Juden berücksichtigt, die in einer der israelitischen Kultusgemeinden registriert sind) und in der Schweiz 18.000.
Quelle: „Yedioth Achronot“, 20. 4. 1999, und das A.-Hermann-Institut für das Judentum unserer Zeit, Hebräische Universität Jerusalem

Yedioth Achronot veröffentlichte diese Tabelle und zitierte aus einem in Israel veröffentlichten Buch von Jossi Beilin, Justizminister, Arbeitspartei, in dem er warnt: „Das Rückkehrgesetz drängt Millionen aus dem Judentum. Das ist kollektiver Selbstmord.“ Tatsächlich erwarten die Demographen der Universität Jerusalem, dass sich die Anzahl der Juden außerhalb Israels in den nächsten zehn Jahren um zehn Prozent verringern wird.

Religionen in Israel

Laut einem staatlichen Bericht (Oktober 1997) sind in Israel folgende Religionen vertreten:

Juden	80,2%
Moslems	14,9%
Christen	3,2%
Drusen und andere	1,7%

In einer Meinungsumfrage, die sich auf Juden in Israel beschränkt hat, charakterisierten sich als

Säkular	49,0 %
Ultraorthodox	4,5 %
Orthodox	13,0 %
Traditionell	33,0 %
Nicht jüdisch	0,5 %

Konflikte in Israel

Welcher Konflikt bedroht die israelische Gesellschaft am meisten?

Zwischen Säkularen und Religiösen	62%
Zwischen Orientalen (Sepharden) und Aschkenasim	6%
Keiner/alle gleich/weiß nicht	14%
Zwischen Rechten und Linken	18%

Daten entnommen „Medad haschalom", Februar 1999, Efi Juar und Tamar Herman, Jahadut Chofschit, April 1999

1. Bruderzwist im Hause Israel

Konflikte einst und jetzt

Ein gekränkter Bruder ist unzugänglicher als eine Festung;
Zerwürfnisse sind wie starke Riegel am Eingang der Burg.
Sprichwörter 18,19

Alle, die glauben, „Juden seien stets ein Herz und eine Seele", irren gewaltig! Hässliche und schwer wiegende Konflikte sind (und waren seit jeher) keine Ausnahmeerscheinungen, sondern stets der „Normalzustand" im Judentum.

Die nun folgende kurze Auflistung der wichtigsten innerjüdischen Konflikte der Vergangenheit und Gegenwart erhebt keinen Anspruch auf Vollständigkeit, da eine detaillierte Beschreibung all dieser Auseinandersetzungen den Rahmen dieses Buches bei weitem sprengen würde.

Schon im ersten Buch der hebräischen Bibel (im „Alten Testament" laut christlicher Diktion) erfahren wir sehr bald von dramatischen Zwistigkeiten unter Brüdern: Die Geschichte von Kain und Abel (die aber keine Juden waren), vom Konflikt zwischen Ismael und Isaak und schließlich die Auseinandersetzungen der Brüder Esau und Jakob gehören dazu. Ferner lesen wir in der Bibel von den Konflikten unter den Nachfolgern des Salomon und der bald darauf folgenden Teilung des Reiches; von der Entstehung zweier feindlicher Staatsgebilde (928 v. d. Z.) und von deren Untergang als Folge dieser Rivalitäten (gemeint sind die Katastrophen im Jahre 722 v. d. Z., als die Assyrer das Nordreich zerschlugen, und die Unterwerfung des Südreiches durch die Babylonier 135 Jahre danach).

In den Jahren 64 und 63 v. d. Z. bekämpften sich die beiden feindlichen Brüder Hyrkanos und Aristobulos bzw. die auch theologisch zerstrittenen Pharisäer und Sadduzäer (letztere standen im Lager des Aristobulos) aufs Heftigste, wobei tausende Einwohner Jerusalems hingemetzelt wurden. Schließlich beschloss man, die Römer als „Schiedsrichter" anzurufen, womit der Bock zum Gärtner gemacht

wurde, was letztlich zur Machtübernahme durch Rom führte. Rund ein Jahrhundert später, vor allem in der Amtszeit des Prokurators Felix – ein Mann, der die innerjüdischen Konflikte bewusst anheizte –, wurde die fanatische Gruppe der Sikarier aktiv. Sie schreckten nicht davor zurück, sowohl gemäßigte jüdische Personen zu ermorden als auch römische Amtsstellen zu überfallen. Die schlimme soziale Lage breiter Bevölkerungskreise führte auch zur Erstarkung der zelotischen Eiferer-Partei und zum Aufkommen diverser messianischer Gruppierungen. Als aus der Rebellion ein offener Krieg gegen Rom wurde und Vespasian in Judäa einrückte, hatten die Römer mit der untereinander zerstrittenen Bevölkerung ein leichtes Spiel. Selbst die Verteidiger Jerusalems waren unfähig, aus vergangenen Irrtümern zu lernen und schlugen sich gegenseitig die Köpfe ein, anstatt geeint gegen die Römer zu kämpfen. So stritten 70 n. d. Z. die Parteien des Simon ben Giora und eines gewissen Johannes um die Vorherrschaft innerhalb der Stadtmauern von Jerusalem erbarmungslos und sinnlos bis zum bitteren Ende ihrer Stadt und des zweiten Tempels.
Zwischen dem 8. und 12. Jahrhundert n. d. Z. kam es fast zu einem Schisma im Judentum, als die Sekte der Karäer das rabbinische Judentum in Frage stellte. Schließlich wurden die Karäer, die ein konservativ-fundamentalistisches Judentum vertraten und eine Rückkehr zu einem wortwörtlichen Verständnis der schriftlichen Thora bei gleichzeitiger Ablehnung des Talmuds propagierten, zu einer echten Gefahr für das rabbinische Judentum.
Die Karäer (heute nur noch eine religiöse Minderheit) waren damals, besonders im Osmanischen Reich, in Ägypten, Spanien, Litauen, auf der Krim und in Palästina stark verbreitet und bildeten dort zeitweise die Mehrheit im Judentum. Sie bezeichneten die Anhänger eines rabbinischen Judentums (Ausleger der mündlichen Tradition) als „Dissidenten" und „Rabbaniten", sie selber wurden von ihren Gegnern, solange sie noch stark und zahlreich waren, anerkannt, es gab sogar eine gewisse Zusammenarbeit zwischen den beiden Gruppierungen, später wurden sie aber verfolgt und isoliert, selbst Ehen mit Karäern waren schließlich verboten.
Weitgehend bekannt ist auch der im 18. Jahrhundert aufgeflammte Konflikt zwischen dem aufkommenden Chassidismus und seinen

Gegnern, den Mitnagdim, der zum Teil groteske Formen annahm, als z. B. Rabbiner Elijah von Wilna einen Bann (Cherem) gegen die Chassidim forderte bzw. ein Verbot von chassidischen Gottesdiensten, chassidischer Literatur und Lehrtätigkeit befürwortete. 1794 wurden sogar chassidische Schriften in Wilna verbrannt, und im Jahre 1798 führte das Drängen der Mitnagdim bei der Regierung zur Verhaftung von Rabbiner Schneur Salman von Lady. Zu Beginn des 19. Jahrhunderts kam es dann zu einer weiteren ernsten Konfrontation im Judentum, einer Auseinandersetzung, die bis heute weltweit anhält und mit der wir uns in diesem Buch noch ausführlich beschäftigen wollen, einem Zwist zwischen dem aufkommenden Reformjudentum in Deutschland und der (Neo-)Orthodoxie.

Auch und besonders der Staat Israel ist – was wegen der großen Vielfalt seiner Bevölkerung nicht verwundert – keineswegs frei von massiven innerjüdischen Konflikten. Grob gesagt verlaufen heute vier Risse quer durch die Bevölkerung des Landes: erstens die vorwiegend sozial bedingten Spannungen zwischen aschkenasischen und sephardischen/orientalischen Juden; zweitens die schweren Unstimmigkeiten zwischen „Tauben“ und „Falken“ in Bezug auf Krieg und Frieden mit den Palästinensern (hier spielen vorwiegend nationalistische und religiöse Motive eine Hauptrolle); drittens die Konfrontation zwischen säkularen und (ultra-)orthodoxen Juden und schließlich der für die Einheit des Judentums so gefährliche Konflikt zwischen orthodoxem und nicht orthodoxem (konservativem und progressivem) Judentum. Während die Konflikte eins bis drei israelspezifisch sind, ist die seit bald 200 Jahren bestehende Auseinandersetzung zwischen orthodoxem und nicht orthodoxem Judentum eine weltweite Erscheinung.

Vor allem die Konflikte mit religiösem und religiös-nationalem Hintergrund werden heftig und leidenschaftlich geführt und drohen das Judentum auf Dauer tief zu spalten.

Auf dem Spiel steht aber auch die für Israel so wichtige, heute noch weitgehende Solidarität der Juden außerhalb von Israel (besonders des liberalen USA-Judentums) mit dem jüdischen Staat.

2. *Psychogramm des religiösen Fundamentalismus*

Abaja sagte: „Sei vernünftig auch in der Andacht, antworte sanft, mäßige den Zorn, sei ganz Frieden mit den Brüdern, mit den Nachbarn, mit jedem Menschen, auch mit den Heiden. Auf diese Weise wirst du geliebt werden im Himmel, gewünscht auf der Erde, angenehm allen."

Berachot, S. 17a

Die uns heute so geläufige Bezeichnung „Fundamentalismus" hat ihren Ursprung in einer Reihe von Broschüren, die streng gläubige Christen zwischen den Jahren 1910 und 1915 in den USA unter dem Titel „A Testimony of the Truth" veröffentlichten. Für religiöse Fundamentalisten – wie wir sie heute verstehen – sind folgende stets anzutreffende ideologisch motivierte Reaktionsmuster charakteristisch:

1. Der unbedingte Glaube an die absolute Unfehlbarkeit der gesamten heiligen Schriften (egal, ob schriftliche und mündliche Thora, Neues Testament oder Koran). Diese Schriften sind für sie „Gottes wortwörtliches Diktat", wobei die menschlichen Wesen, die uns diese Worte Gottes übermittelten, selbstverständlich „jedes dieser Worte fehlerlos weitergaben". Für jüdische Fundamentalisten sind daher einzelne biblische Forderungen (die die meisten von uns als absurd empfinden), wie z. B. die Todesstrafe für das eigene „rebellische" Kind (5 Mose 21, 18–21) oder die „Bitterwasserprobe" für Frauen, die im Verdacht stehen, Ehebruch begangen zu haben (4 Mose 5, 11–31), bzw. das Gebot, Amalek (die Feinde der Juden) auszurotten (1 Sam 15), wortwörtliche Befehle Gottes, die man „genauso ernst nehmen müsse wie etwa die ethischen Grundgebote der Thora". Streng genommen handelt es sich dabei aber um einen jüdischen Pseudofundamentalismus, denn einerseits glauben all diese Gruppierungen, dass jedes Wort der Thora auf die göttliche Offenbarung an Moses zurückgeht (daher auch „nichts verändert werden darf"), andererseits

akzeptieren sie jedoch das Außerkraftsetzen biblischer Gesetze. (So verloren beispielsweise sämtliche Kapitalstrafen und auch andere biblisch fixierte Gesetze spätestens noch in talmudischen Zeiten zwischen dem 2. und 5. Jahrhundert n. d. Z. ihre Gültigkeit.) Gleichzeitig erwartet das (ultra-)orthodoxe Judentum das Wiederinkrafttreten aller heute nicht mehr praktizierten Gebote nach dem Kommen des Messias und dem Wiederaufbau des Tempels.

2. Opposition gegen „Modernität", sodass im Falle von Widerspruch zwischen dieser Modernität und der Tradition die Tradition immer im Recht ist. Aus dieser Geisteshaltung ist auch die Ablehnung jeder historisch-wissenschaftlich fundierten Bibelkritik zu verstehen.
3. Die Negierung des religiösen Pluralismus innerhalb der eigenen Religion.
4. Das Bestreben einiger besonders fanatischer Gruppierungen (innerhalb des breiten Spektrums der Orthodoxie), ihr Verständnis der Religion anders denkenden Staatsbürgern – auch mittels Gewalt – aufzuzwingen und die staatliche Trennung zwischen „heilig" und „säkular" zu bekämpfen.

Für Psychologen, Psychiater und Soziologen sind derartige Geisteshaltungen pathologische Reaktionen auf Angst vor Veränderungen oder vor dem Ende einer Welt, die die Betreffenden kennen und auf die ihr Selbstverständnis und Selbstvertrauen aufgebaut ist. Folgerichtig versuchen sie daher „ihre Werte" gegen die Bedrohung durch „Modernität" / „Säkularismus" / „die Intellektuellen" / „den Westen" in möglichst perfekter und aggressiver Weise, ohne einen Hauch von Selbstkritik oder Kompromissbereitschaft, zu verteidigen. Fundamentalismus ist daher stets vielmehr eine Reaktion auf eine Herausforderung als die Bekräftigung einer Sache, es ist auch der – meist untaugliche – Versuch, das Rad der Zeit zurückzudrehen, indem z. B. dem Ritual eine übermächtige Stellung eingeräumt wird (zitiert nach „Fundamentalism and Reform Judaism" von Rabbiner Tony Bayfield). Durch solches Tun entsteht zwangsläufig die große Gefahr, dass eine – im Grunde ethisch hoch stehende – Religion zum Götzendienst verkommt. Um mit Erich Fromm zu sprechen: In der jüdischen Religion wird immer wieder auf die enorme Gefährlichkeit des Götzendienstes hingewiesen. So heißt es im Talmud: „Wer den Götzendienst ablehnt, erfüllt gleichsam die ganze Thora" (Talmud, Hullin 5a). In der späteren Entwicklung wurde die Besorgnis laut, dass sogar religiöse Akte sich in Götzenanbetung verwandeln könnten. So sagte einer der großen chassidischen Meister, der Kotzker Rabbi: „Das Verbot der Herstellung von Götzen schließt das Verbot ein, auch die Mizwot (die religiösen Handlungen) zu vergötzen. Wir wollen uns nie einbilden, der Hauptzweck einer Mizwa sei ihre äußere Form, und ihre innere Bedeutung sei zweitrangig. Wir wollen genau die entgegengesetzte Haltung einnehmen."

3. Who ist who im religiösen Judentum

Vom Gemeinsamen und Trennenden

Der Pluralismus ist der Wille Gottes.
Abraham J. Heschel

Vielen Menschen ist nicht bewusst, dass die Mehrzahl der heutigen Juden – egal, ob in Israel oder in anderen Ländern lebend – säkulare, nicht praktizierende Juden sind. Diese fühlen sich zwar als Juden und wären – zu Recht – beleidigt, würde man ihr Judesein anzweifeln. Denn der Begriff „Judentum" kann, wie heute allgemein akzeptiert, nicht allein mit der Zugehörigkeit zum jüdischen Glauben erklärt werden, weil es eine große Zahl von säkularen und atheistischen Juden gibt. Daher wurde immer wieder der Versuch unternommen, das Judentum mit zusätzlichen Begriffen zu erklären. Schlagworte wie „Volkszugehörigkeit" (was nur bedingt stimmt, denn zum Begriff „Volk" gehören definitionsgemäß gemeinsame Kultur und Sprache, beides Entitäten, die dem Judentum – zumindest teilweise – verloren gegangen sind) und „Schicksalsgemeinschaft" (ein Begriff, der bestenfalls regional zutrifft) werden dazu verwendet. Tatsache bleibt aber, dass man „Judentum" niemals exakt definieren kann, weil Schlagworte wie Konfession, Kultur, Sprache, Schicksalsgemeinschaft, gemeinsames Geschichtsbewusstsein, Normengemeinschaft oder religiöse Zivilisation (alles Worte, die im Allgemeinen der Selbstdefinition des Judentums dienen), sich nur schwer unter einen Hut bringen lassen, sie gelten immer nur für einzelne Menschen und regional begrenzt.
Viele säkulare (manchmal auch atheistische) Juden in Deutschland und Österreich sind Mitglieder von so genannten Einheitsgemeinden, Gemeinden, deren Repräsentanten für sich das Recht in Anspruch nehmen, „alle Juden ihrer Stadt" offiziell zu repräsentieren

und die von diesbezüglichen staatlichen Gesetzen (des vorigen Jahrhunderts) profitieren. In Wirklichkeit sind derartige (für Deutschland und Österreich typische) „Einheitsgemeinden“ – nach eigener Definition – orthodoxe Gemeinden, die nicht orthodoxe Gruppierungen innerhalb der eigenen Wände nicht (oder nur sehr bedingt) schätzen.

Dieses Konzept der mitteleuropäischen „Einheitsgemeinden“ ist in den angelsächsischen Ländern unbekannt. Dort existiert jede einzelne Synagoge/Gemeinde für sich allein, ohne Inanspruchnahme einer staatlichen Unterstützung und in ihrer religiösen Richtung klar definiert und zuordenbar. Es ist aber auch ein Zeichen der Zeit, dass heute viele Juden – aus unterschiedlichsten Gründen – überhaupt keiner Synagoge/Gemeinde angehören, mehr oder weniger von anderen Juden isoliert voll assimiliert leben und als Juden für ihre nicht jüdischen Mitbürger nicht mehr erkennbar sind.

Ein weiteres Phänomen, das speziell in Israel sichtbar wird, ist der tiefe Graben zwischen dem säkularen und nicht orthodox-religiösen Teil der Bevölkerung einerseits und dem (ultra-)orthodoxen Judentum andererseits.

Hauptärgernis für viele Bürger des Staates sind die Befreiung vom Militärdienst für ultraorthodoxe Jeschiwaschüler (Jeschiwa = Talmudhochschule); die ständigen Versuche einer fanatischen (Ultra-) Orthodoxie, ihre strenge Auffassung bezüglich der Schabbatruhe der säkularen Bevölkerungsmehrheit aufzuzwingen; die hartnäckigen Bemühungen missionarischer Kräfte, säkular-liberale Wohnbezirke gezielt mit eigenen Leuten zu besiedeln und zu unterwandern; und die wiederholten (mit der Zeit immer erfolgreicheren) politischen Erpressungsversuche seitens fundamentalistischer Kräfte in Regierung und Knesset, die langsam, aber sicher zu einer Unterhöhlung der israelischen Demokratie (mit dem Fernziel der Errichtung eines „Gottesstaates“) führen.

Das orthodoxe Judentum

Anders als säkulare Juden praktizieren religiöse Juden (in sehr unterschiedlicher Weise) ihr Judentum. Denn das Judentum ist – und war zu allen Zeiten – pluralistisch. Hier spannt sich ein weiter Bogen von ganz „rechts“ (Ultraorthodoxie) bis weit „links“ (klassisches

Reformjudentum). Der Mainstream im orthodoxen Judentum heute (rund 10–15 Prozent der jüdischen Bevölkerung) wird von einer Orthodoxie repräsentiert, die teilweise auf die Neoorthodoxie des Samson Raphael Hirsch (im 19. Jahrhundert) zurückgeht und in Israel politisch in der National-Religiösen Partei ein Zuhause findet. Diese nationalreligiöse Partei machte allerdings in den letzten Jahren eine bemerkenswerte Entwicklung durch – von einer moderat religiösen, dem politischen Kompromiss mit den Palästinensern nicht abgeneigten Partei eines Josef Burg in Richtung einer ultrareligiösen/ ultranationalistischen Hardliner-Bewegung mit einer strammen „Großisrael-Ideologie". Am rechten Flügel der Orthodoxie befindet sich die Ultraorthodoxie (Selbstbezeichnung „Haredim") mit ihren zahlreichen Gruppierungen, die sich untereinander teilweise heftig bekämpfen. Einige dieser Gruppierungen, wie etwa die Neturei Karta in Mea Shearim (Jerusalem), sind aus theologischen Gründen extrem antizionistisch eingestellt, andere akzeptieren mehr oder weniger den jüdischen Staat (besonders dessen finanzielle Subventionen), manche sind absolut friedlich und lehnen jede Gewaltanwendung ab, einzelne – von denen noch die Rede sein wird – sind lautstark und extrem aggressiv.

Zur Ultraorthodoxie gehören chassidische Gruppierungen aller Schattierungen, wie z. B. die unter Juden missionierende Chabad-Bewegung. Sie entstand in Osteuropa im 18. Jahrhundert und vertritt neben mystischen Lehren auch messianische, ekstatische und populistische Traditionen. Ihre Gegner, „Mitnagdim" oder „Litauer" genannt, repräsentieren die klassische osteuropäische Ultraorthodoxie, ihr geistiges Oberhaupt Elieser Schach bezeichnete die Chabadanhänger (ebenso wie die Kibbuzmitglieder) mehrmals als „nicht jüdisch". Wie alle fundamentalistischen Bewegungen beansprucht jede der ultraorthodoxen Gruppen die ganze religiöse Wahrheit für sich. Einig sind sich all diese Gruppierungen in einer einzigen Sache: in ihrer strikten Ablehnung und Nichtanerkennung des nicht orthodoxen (konservativen und progressiven) Judentums, das ihnen – viel mehr als die säkularen Juden – Feindobjekt Nummer eins ist.

Das nicht orthodoxe religiöse Judentum

Zum nicht orthodoxen religiösen Judentum gehören Gruppen, die sich als „Konservative", „Reform", „Liberal" und „Rekonstruktionisten" bezeichnen und – bis auf die Konservativen – unter dem Dachverband der „Weltunion für progressives Judentum" vereinigt sind. In Nordamerika bekennen sich etwa 1,2 Millionen Juden zum konservativen Judentum (mit 800 eigenen Synagogen). Die Weltunion für progressives Judentum, mit Hauptsitz in Jerusalem, repräsentiert rund 1,5 Millionen Menschen.

Der Ausdruck „Reformjudentum" geht auf die klassische deutsch-jüdische Reformbewegung des 19. Jahrhunderts zurück, die Bezeichnungen „liberal", „progressiv" und „rekonstruktionistisch" entstanden im 20. Jahrhundert. All diese unterschiedlichen Begriffe sorgen verständlicherweise für ein großes Maß an Verwirrung, sowohl bei Juden als auch unter Christen, wobei die Feststellung, dass „Reform" nicht gleich „Reform" ist, zur weiteren Unklarheit beiträgt. Während das Reformjudentum der USA – zumindest bis in die Mitte des 20. Jahrhunderts – der klassischen deutschen Reform nahe stand (und teilweise noch nahe steht) und somit als eher reformfreudig eingestuft werden kann, sind Reformjuden in ganz Europa weitaus stärker auf jüdische Traditionen fixiert als die Amerikaner. So waren die britischen Reformjuden stets traditionsbewusster als die Reformjuden der USA und die liberalen Juden Englands (die ihrerseits in den letzten Jahren ebenfalls immer mehr zurück zu längst aufgegebenen Traditionen fanden). Diese Umorientierung der Reformbewegung führte nach und nach dazu, dass die Grenzen zum (nicht orthodoxen) konservativen Judentum immer verwaschener wurden. Wegen dieser zunehmenden Zuwendung aller nicht orthodoxen Gruppierungen in Richtung „mehr Respekt vor Traditionen" erscheint der Ausdruck und Überbegriff „progressives Judentum" als neuer Sammelbegriff für die meisten, heute so ähnlichen nicht orthodoxen Bewegungen logisch, zumal die Bezeichnung an die progressive Offenbarungstheologie des nicht orthodoxen Judentums (siehe Kapitel „Demarkationslinien") erinnert.

Während aber die nicht orthodoxen Bewegungen in den USA schon längst den Mainstream im Judentum repräsentieren, ist die Situation – vor allem in Israel, wo zivilrechtliche Angelegenheiten fast zur

Gänze in den Händen des religiösen Establishments liegen – für konservative, progressive und säkulare Juden schwierig und kompliziert.

Vom Gemeinsamen und Trennenden

Wer die vielen zeitgenössischen, oftmals überaus heftigen innerjüdischen Konflikte beobachtet, stellt sich bald die Frage, ob denn heute die viel beschworene Einheit im Judentum („Klal Israel“, die Gesamtheit des jüdischen Volkes) überhaupt noch vorhanden ist. Diese Frage kann mit einem sehr bedingten „Ja“ beantwortet werden: Infolge politischer, wirtschaftlicher und besonders religiöser Eigeninteressen einzelner Gruppen werden allzu oft äußerst unerfreuliche Bruderzwistigkeiten ausgetragen. Trotzdem: Das Gemeinsame überwiegt noch immer, auch wenn unterschiedliche theologische Ansichten bezüglich der göttlichen Offenbarung am Sinai (siehe Seite 33 f.) die zwei Hauptströmungen im religiösen Judentum (Orthodoxie/konservatives und progressives Judentum), auch in Fragen der religiösen Praxis, sich immer weiter voneinander entfernen.

Gemeinsames

Religiöse Juden aller Schattierungen glauben an die Sinai-Offenbarung und anerkennen die große Bedeutung der im Talmud niedergeschriebenen, mündlich überlieferten und interpretierten Halacha, die die Grundlage des gesamten jüdisch-orthodoxen Gesetzeskodex bildet und das Leben ultraorthodoxer Juden in allen Bereichen bestimmt. Vielen Außenstehenden ist gar nicht bewusst, wie ernst heutige progressive Juden das Studium der religiösen Schriften nehmen, wie engagiert sich nicht orthodoxe Rabbiner im Freehof-Institut für Reform-Halacha (USA/Israel) um zeitgemäße Responsa (Urteilsentscheidungen rabbinischer Autoritäten, Ergänzungen und Erweiterungen der mündlichen Thora) bemühen. Ein weiterer Grundpfeiler des Judentums ist die Bundes- und Auserwählungsvorstellung, Begriffe, die immer wieder Anlass zu Fehlinterpretationen seitens der Christen gaben. Die „Auserwählung“ ist ein religiöser Begriff, der besagt, dass „Gott mit Abraham und seinen Nachkommen einen Bund mit gegenseitigen Versprechen und Verpflichtungen eingegangen ist“. Dieser „Vertrag“ ist keinesfalls mit irgendwelchen Privilegien verbunden und berechtigt niemanden zu Überheblichkeit, Chauvinismus oder Exklusivismen. Erwählung ist, nach jüdischer Auffassung, nicht mit mehr Rechten, sondern nur mit vermehrten Pflichten und großer Verantwortung verbunden. Bundesbrüche, Bestrafung, Neuzusagen Gottes und Bundeserneuerung gehören untrennbar zum Bundesdenken. Eine „Aufkündigung" dieses Bundes durch Gott – wie es jahrhundertelang von christlicher Seite postuliert wurde – hat nach jüdischer (jetzt auch nach christlicher Auffassung) nie stattgefunden. Andere gemeinsame Grundpfeiler im Judentum sind der Glaube an ein messianisches Zeitalter (für alle Menschen), an die Weiterexistenz des Menschen nach dessen Ableben und an die zentrale Bedeutung des Gebets (als Dialog mit Gott). Ebenfalls von größter Bedeutung für alle Juden ist die Zentralität der Zehn Gebote und der übrigen ethischen Grundsätze des Judentums. Dazu gehören in erster Linie die Nächstenliebe und der Verzicht auf Rache (3 Mose 19, 17–18), Fremdenliebe (3 Mose und 5 Mose 10, 19) und sogar die Feindesliebe (2 Mose 23, 4–5 und Spr. 25, 21–22).

Weitgehend unbekannt ist auch die Tatsache, dass das berühmte Talionsgesetz: „Auge um Auge, Zahn um Zahn" (2 Mose 21, 18–23) von vielen Menschen immer noch häufig falsch zitiert und interpretiert wird; denn nach uraltem rabbinischem Verständnis handelt es sich hier nicht um einen Aufruf, „Gleiches mit Gleichem zu vergelten", sondern um ein Sozialgesetz des gerechten Schadenersatzes für Erwerbsausfall, Arztkosten, Wertverminderung und erlittenen Schmerz im Sinne von „Maß für Maß". Weitere wichtige Forderungen sind: die Erhaltung der Würde des Menschen, die Ausübung von Wohltätigkeit und Respekt für alle Menschen, „als im Ebenbild Gottes geschaffen und mit reiner Seele geboren, mit der Fähigkeit ausgestattet zwischen gut und böse zu wählen" – eine Vorstellung, die konsequenterweise jeden Rassismus verbietet).

Verbindend wirkt auch das kollektive Gedächnis an die gemeinsame Geschichte, das damit verbundene Einhalten aller jüdischen Festtage bzw. die Heiligung des Schabbat (dem wichtigsten Festtag im Judentum) und die weitgehende Übereinstimmung in der Liturgie des Gottesdienstes. Auch die Existenz des Staates Israel und die daraus resultierende emotionale und geistige Bindung der meisten Juden an das Land (nicht zu verwechseln mit „doppelter Loyalität") ist ein wichtiges Bindeglied zwischen Juden.

Trennendes

Die Geister scheiden sich an der Frage nach der Autorenschaft der Thora. Dieses theologische Problem hängt mit der Anerkennung (oder Ablehnung) der Methoden der Wissenschaft vom Judentum zusammen. Fundamentalisten lehnen wissenschaftliche Erkenntnisse nach dem Motto, dass „nicht sein kann, was nicht sein darf" ab – und damit eng verbunden, ob die Sinai-Offenbarung als ein einmaliges, endgültiges Ereignis anzusehen ist (siehe Kapitel „Demarkationslinien").

Gestritten wird um die Wertigkeit der Halacha im Alltagsleben und über die Frage, ob es einen Spielraum für Neuinterpretationen des Gesetzes gibt. (Das jüdische Gesetz wurde von den Gelehrten bis in das Mittelalter hinein immer wieder den Zeitnotwendigkeiten angepasst, in einigen Fällen sogar außer Kraft gesetzt; die heutige Orthodoxie lehnt aber mit dem Hinweis auf die „endgültige" Kodifizierung durch Rabbiner Karo im 16. Jahrhundert jede weitgehende Neuinterpretation ab.) Gestritten wird auch über die Frage, ob eine Beurteilung der Wertigkeit der göttlichen Gebote – den Mizwot – (im Sinne von „Ethik vor Ritual") zulässig sei (siehe Kapitel „Demarkationslinien").

Uneinig ist man sich über die Frage, wie streng die Schabbatruhe einzuhalten ist (z. B. ob es gestattet ist, mit dem Auto zur Synagoge zu fahren); wie Festtage außerhalb Israels begangen werden sollen (Frage der Doppelfeiertage in der Diaspora) und inwieweit der Einzelne die Speisegesetze einzuhalten hat (die große Mehrzahl der heutigen Juden hält sich entweder überhaupt nicht mehr oder nur bedingt an die Kaschrutgesetze). Besonders große innerjüdische Differenzen herrschen auch bezüglich der Rechte von Frauen und der Stellung von Minderheiten (Homosexuelle) im Judentum (siehe „Der Status der Frau und das Familienrecht im Judentum"). Die Frage „Wer ist Jude?" (die auch lauten könnte: „Wer ist Rabbiner und als solcher berechtigt, Konversionen durchzuführen?") führt ebenfalls zu Kontroversen. Differenzen herrschen auch bezüglich der Gottesdienst-Liturgie (ist die Einfügung von neuen – zeitbezogenen

– Gebeten und der Gebrauch der Landessprache als Ergänzung zum Hebräischen zulässig?) und um die äußere Form des Gottesdienstes. So kommt es, dass in progressiven (z. T. auch in konservativen) Synagogen – anders als in orthodoxen Bethäusern – Männer und Frauen gemeinsam sitzen und beten, die Gebete zum Teil in der Landessprache erfolgen und von Musik (Klavier, manchmal Orgel) begleitet werden. Auch über die Bedeutung und die Zweckmäßigkeit des interkonfessionellen Dialogs ist man sich nicht einig. Progressive Juden sind aktiv am Dialog beteiligt, orthodoxe Juden sind hier in der Regel sehr viel zurückhaltender.
Während religiös moderate Juden viel, aber lange nicht genug unternehmen, um eine noch tiefere Spaltung im Judentum zu verhindern, wird die Sprache der Fanatiker (in deren Sog leider auch immer mehr Neoorthodoxe in Israel geraten) immer deutlicher und radikaler. Diese gefährliche Polarisierung und Herausforderung für den (noch) demokratischen Rechtsstaat Israel wird langsam, aber sicher zu einer Existenzfrage des jüdischen Staates und des gesamten Judentums (siehe „Staat und Religion“, „Religionsfreiheit und Freiheit von der Religion“ sowie „Politisch und religiös motivierte Gewalt“).
Wird Israel – wie es die Gründungsväter anstrebten – ein demokratischer, pluralistischer, moderner Rechtsstaat oder, wie von einzelnen Gruppierungen gewünscht, ein „Gottesstaat“?

4. *Was bedeutet Halacha?*

Mit neuer Kraft erwacht der alte prophetische Gedanke,
dass Gott Liebe verlangt und keine Opfer,
dass Gott nicht Opfer geboten, sondern
Gerechtigkeit und Recht.
Leo Baeck

Das religionsgesetzliche Rechtssystem im Judentum beruht auf den Grundlagen der Thora, die als Niederschlag der göttlichen Offenbarung gilt.
Grundsätzlich wird unterschieden zwischen schriftlicher und mündlicher Thora. Unter der schriftlichen Thora versteht man die fünf Bücher Mose (Pentateuch), die gesamte hebräische Bibel wird als Tenach bezeichnet und inkludiert neben der Thora die Bücher der Propheten (Newiim) und die Hagiographen (Ketuwim), insgesamt 24 heilige Bücher (genau genommen sind es 39 individuelle Bücher, durch Zusammenfassung mehrerer von ihnen kommt die Zahl 24 zustande). Der christliche Begriff „Altes Testament" wird von Juden nicht gebraucht, da er abwertend verstanden wird („das Alte wird durch das Neue ersetzt").
Seit jeher gab es im Judentum zum geschriebenen Wort (Thora) eine erläuternde Auslegung, ein großer Teil dieser mündlichen Überlieferung wurde zwischen dem 2. und 5. Jahrhundert n. d. Z. im Talmud (der „Lehre") zusammengefasst. Der Talmud enthält Verhandlungen und Diskussionen der jüdischen Gelehrtenakademien in Palästina und Babylon und besteht aus zwei Elementen: der Mischna („Wiederholung") und der Gemara („Vervollständigung"; evtl. auch abgeleitet vom aramäischen Wort gemar = lernen). Die am Beginn des 3. Jahrhunderts n. d. Z. redigierte Mischna – sie wurde von Rabbiner Judah ha-Nassi in Palästina herausgegeben – ist eine Sammlung von in sechs Ordnungen unterteilten religiösen und zivilrechtlichen Gesetzen; sie enthält meist keine weiteren Erläuterungen. Die in späteren Jahrhunderten entstandene Gemara umfasst Diskussionen über die Mischna und Festlegungen von Gesetzen. Aus ebendiesen beiden Elementen entstand zu Beginn des 6. Jahrhunderts n. d. Z. der

Talmud, zuerst der Jerusalemer Talmud, später der ausführlichere und bedeutendere babylonische Talmud. Im Talmud wird unterschieden zwischen der Halacha, dem gesetzlichen Teil („der einzuschlagende Weg"), und der Aggada, dem nicht gesetzlichen Teil, bestehend u. a. aus Geschichten, Fabeln, philosophischen Auseinandersetzungen und Bibelauslegungen.

An dieser Stelle muss festgehalten werden, dass der Talmud eine unglaublich reiche Anzahl von Lehrmeinungen und Zitaten enthält, Worte von bekannten und weniger bedeutenden Gelehrten aus vielen Jahrhunderten, Ansichten, die sich manchmal widersprechen und daher „private Meinungen" zu einem bestimmten Thema widerspiegeln. Diese Zitatensammlung diente daher als Diskussionsgrundlage für Generationen von Rabbinern in aller Welt. Es ist daher absolut unzulässig – wie es immer wieder versucht wurde –, eine interpretierende Religion, wie sie das Judentum ist, mit aus dem Zusammenhang gerissenen Einzelzitaten aus dem Talmud verstehen zu wollen oder gar zu kritisieren; denn im Talmud ist praktisch jede Meinung und Gegenmeinung zu sämtlichen religiösen und sozialen Aspekten vertreten.

Es ist auch wichtig zu verstehen, dass mit der Niederschrift des Talmud die Weiterentwicklung der jüdisch-religiösen Literatur nicht zum Stillstand gekommen ist. So entstanden seit dem 6. Jahrhundert bis in die Gegenwart hinein unzählige Bibelkommentare, Kommentare der rabbinischen Literatur und Responsa (dokumentierte Antworten von rabbinischen Autoritäten auf individuelle oder Gemeindefragen zu bestimmten religiösen Gesetzen und den damit verbundenen zeitbedingten Problemen).

Von großer Bedeutung waren weiters die Kodifizierungen der überlieferten und bis dahin wenig geordneten religionsgesetzlichen Literatur, also eine systematische Präsentation (Einteilung nach Themen und Unterabteilungen) und Filterung der Gebote und Verbote der mündlichen Thora, von denen die „Mischne Thora" (Maimonides), „Arbaah Turim" (Ben Ascher), „Schulchan Aruch" (Karos „gedeckter Tisch") und die „Mappah" (Isserles „Tischtuch", eine aschkenasische Version des Schulchan Aruch) die höchste Bedeutung erlangten. Der Schulchan Aruch, der im Jahr 1564 entstand, gilt auch heute noch für orthodoxe Juden als die endgültige und verpflichtende religiöse Gesetzessammlung der mündlich überlieferten Thora und bestimmt das Leben (ultra-)orthodoxer Juden bis ins kleinste Detail. Mit der Niederschrift des Schulchan Aruch kam auch der Prozess der notwendigen Erneuerung im Judentum weitgehend zum Stillstand, mit dem Ergebnis, dass die Kluft zwischen Gesetz und Alltagsleben immer größer wurde.

Wirklichkeitsfremde Gesetze, wie etwa ein Verbot, am Schabbat bei Regen den Regenschirm zu öffnen („weil ein offener Schirm an die Errichtung eines Zeltes erinnert"), oder das Verbot, behinderte Menschen am Schabbat in einem Rollstuhl zu schieben („da die Radspuren an Schriftzüge erinnern"), blieben daher im orthodoxen Judentum bis heute in Kraft.

Die Halacha, „die zu gehende Wegrichtung", entspricht somit dem Gesamtkorpus des religiösen Gesetzes und repräsentiert die „endgültige" Entscheidung der alten Rabbiner zu sämtlichen religionsgesetzlichen Vorschriften, Anweisungen und Normen, vereinfacht ausgedrückt beantwortet sie die Fragen „Wie soll ein Jude leben?" bzw. „Was erwartet Gott vom Menschen?". Für orthodoxe Juden ist die gesamte Thora mit all ihren Geboten (entsprechend dem Dogma von der „Thora, die vom Himmel kommt") heilig, „weil von Gott wortwörtlich dem Moses am Berg Sinai mitgeteilt" (siehe Kapitel „Demarkationslinien"). Religiöse Gesetze sind daher nach ihrem Verständnis strikt einzuhalten und unabänderlich. Hier existiert auch – anders als bei nicht orthodoxen religiösen Juden – kaum eine Graduierung zwischen verständlichen und unverständlichen, ethischen und reinen Ritualgesetzen.

Im nicht orthodoxen Judentum ist die Welt nicht ganz so einfach strukturiert: Konservative Juden halten die gesetzliche Überlieferung zwar für bindend, glauben aber, dass zeitnotwendige Änderungen – durchaus im Rahmen der Halacha – möglich und unumgänglich sind. Für progressive Juden ist die gesetzliche Überlieferung zwar wegweisend, aber nicht in allen Aspekten – für ewige Zeiten – unveränderlich bindend, die Gesetze der Ethik rangieren stets vor den Geboten des Rituals (siehe Kapitel „Who is who im religiösen Judentum").

5. *Demarkationslinien*

Die wesentlichen Unterschiede zwischen orthodoxem und progressivem Judentum

Die Thora gleicht zwei Pfaden; der eine ist aus Feuer,
der andere aus Schnee. Betritt man den einen,
stirbt man am Feuer, betritt man den anderen,
stirbt man am Schnee.
Wie soll man handeln? Man bewege sich in der Mitte.
Dies ist der demokratische Weg.
Alte Lehre der Rabbiner

Will ein Außenstehender verstehen, warum Teile des (ultra-)orthodoxen Judentums mit so viel Leidenschaft und Wut gegen alle nicht orthodoxen Strömungen (das konservative und progressive Judentum) und nicht etwa, wie es scheinbar logisch wäre, gegen den zunehmenden Säkularismus unter Juden Sturm laufen, muss er zunächst der Frage nachgehen, wo denn eigentlich die Demarkationslinie bzw. der tiefe Graben zwischen orthodoxem und nicht orthodoxem Judentum verläuft. Diese Frage kann kurz und bündig beantwortet werden: Der wesentliche Unterschied besteht in den unterschiedlichen Ansichten beider Gruppierungen über das Wesen der Offenbarungslehre. Hauptärgernis für die (Ultra-)Orthodoxie ist die so genannte progressive Offenbarungslehre (auf die auch der Terminus „progressives Judentum" hindeutet) mit all ihren theoretischen und praktischen Konsequenzen für das religiöse Leben im Judentum. Das theologische Konzept der Orthodoxie lautet wie folgt: „Moses empfing am Berg Sinai (als Komplettierung der grundlegenden göttlichen Gesetze, die einst Noah und die Patriarchen empfingen) alle 613 Mizwot (Gebote und Verbote) der Thora direkt von Gott. Mit Moses hörten über 600.000 Israeliten die Stimme Gottes im Sturm, konnten sie aber – anders als Moses – nicht deuten. Die so von Gott klar formulierten und diktierten Gebote wurden dann von Moses wortwörtlich niedergeschrieben (Moses ist Autor des gesamten Pentateuch). Gleichzeitig vernahm Moses die göttlichen Interpretationen aller Gesetze, die er dann unverfälscht und vollständig mündlich an das Volk weitergab." Diese (erweiterte) mündliche Thora wurde später von Generation zu Generation weitergereicht und schließlich, zwischen dem 2. und dem Beginn des 6. Jahrhunderts, als Talmud zu Papier gebracht (siehe Kapitel „Was bedeutet Halacha"?). Nach diesem für orthodoxe Juden unverrückbaren Dogma gab es in der Geschichte des Judentums nur eine einzige maßgebliche göttliche Offenbarung, in der alle Gebote Gottes dem jüdischen Volk präsentiert wurden. Das Sinai-Ereignis war somit – laut orthodoxem Verständnis – die letzte große Offenbarung Gottes, auch wenn nie bestritten wurde, dass einzelne Menschen (zum Beispiel die Propheten) immer wieder die Stimme Gottes vernehmen konnten. Basierend auf diesen Vorstellungen entstanden auch alle späteren Schriften (Talmud, Responsa-Literatur, Kommentare und der Schulchan Aruch des Rabbiner Karo). Aus dem bereits Gesagten geht hervor, dass „einst von Gott verfügte und von autorisierten Personen kommentierte Gesetze für alle Zeiten unabänderlich seien und dass daher jede kleinste Abweichung vom richtigen Weg zum Einsturz des gesamten Gebäudes führen müsse". Dieses Dogma wird auch in den 13 Glaubensartikeln des Maimonides bekräftigt (Punkt 8: „Der ganze Pentateuch wurde von Moses geschrieben" und Punkt 9: „Die Unversehrtheit der gesamten Lehre, an der nichts verändert werden darf").

Von diesem fundamentalistischen Konzept unterscheidet sich die progressive Offenbarungslehre diametral; denn sie hält die göttliche Offenbarung für niemals abgeschlossen; Gleiches gilt auch für die Gesetzesentwicklung im Judentum. Daraus folgt aber auch die Verpflichtung für jede Generation, „auf die Stimme Gottes zu lauschen und die religiösen Gesetze nicht nur zu studieren, sondern – im Bedarfsfall (so weit wie möglich im Rahmen der Halacha) – den Zeitnotwendigkeiten anzupassen, die Stimme der Vergangenheit mit den Erfordernissen der Gegenwart zu verbinden". Begründet wird dieses theologische Konzept mit der Einsicht, dass Gesetze und Gebräuche stets das Welt- und Sittenbild einzelner Geschichtsepochen widerspiegle und dass Menschen (ja selbst „der größte Prophet aller Zeiten“) als fehlbare Wesen mit ihrem begrenzten Verstand nicht immer in der Lage seien, alle Einzelheiten des göttlichen Auftrages korrekt zu verstehen und objektiv zu übermitteln. Im progressiven Judentum wird daher ganz im Sinne der alten Propheten (die ihre Stimme gegen Personen erhoben, die ritualfixiert auf die ethischen Gebote „vergaßen“) zwischen ewig gültigen ethischen Verpflichtungen – wie der Einhaltung der Zehn Gebote und der Gesetze der Nächsten- und Fremdenliebe – und überholten oder ethisch fragwürdigen Einzelgeboten (Beispiele siehe Kapitel „Psychogramm des religiösen Fundamentalismus“) unterschieden.

Moderne Theologen sehen sich außerdem in ihren Ansichten bezüglich der Entstehungsgeschichte der Bibel durch logische und wissenschaftlich fundierte Bibelanalysen bestätigt, denen zufolge die fünf Bücher Mose nicht auf eine Einzelperson zurückgehen, sondern zumindest vier unterschiedlich alten Quellen (die von der Wissenschaft mit den Buchstaben J, E, D und P bezeichnet werden) zugeschrieben werden müssen. Diese Quellen unterscheiden sich voneinander nicht nur in Stil und Aufbau, sondern verwenden auch unterschiedliche Gottesnamen (Jehova/Elohim). Sie widersprechen sich in Detailfragen und geben Namen und Orte an, die zum Zeitpunkt der Wüstenwanderung noch völlig unbekannt waren. Z. B. ist die Auflistung edomitischer Königsnamen auffällig, Herrscher, die erst Jahrhunderte nach Moses lebten (1 Mose 36, 36–39), ebenso die Bezeichnung des Moses als den „bescheidensten aller Menschen“, ein Satz, der wohl kaum von Moses stammen kann. Für diese These charakteristisch ist auch der Bericht über den Tod von Moses am Ende des 5. Buch Mose bzw. die Texteinfügung „sein Grab wurde bis zum heutigen Tag nicht gefunden“ (dazu Ibn Esra: „Und wenn du verständig bist, wirst du die Wahrheit erkennen“ bzw. „Und der Verständige wird schweigen“).

Natürlich steht es jedem Menschen zu, wissenschaftliche Ergebnisse (ob über das Alter der Erde und des Menschen oder über die Autorenschaft der Bibel) zu bezweifeln und anders Denkende als Häretiker zu dikreditieren, doch das ist nicht die Welt moderner jüdischer Theologen. Weiters kann gezeigt werden, dass die jüdische Gesetzgebung niemals statisch war, von Anbeginn an einen kontinuierlichen Entwicklungsprozess durchmachte und sich im Laufe der Jahrtausende entscheidend veränderte. Selbst biblisch fixierte Gesetze wurden – in Abhängigkeit von gesellschaftlichen Erfordernissen – abgeändert oder außer Kraft gesetzt, was beweist, dass die alten Gelehrten und Rabbiner durchaus flexibel und nicht immer fundamentalistisch dachten. So verschwanden Gesetze, wie z. B. Kapitalstrafen für bestimmte Vergehen (Ehebruch, Homosexualität etc.), die Levirate-Hochzeit („Schwagerpflicht“), Gesetze im Zusammenhang mit Sklaverei und Polygamie, der Schuldenerlass im siebenten Jahr (der durch Hillel den Älteren außer Kraft gesetzt wurde) und sämtliche Opferzeremonien, aus der jüdischen Gesetzgebung (auch wenn orthodoxe Gruppierungen die Hoffnung hegen, all die einst außer Kraft gesetzten Zeremonien und Gebote eines Tages wieder aufleben lassen zu können).

Vergleicht man die beiden theologisch so konträren Offenbarungskonzepte, kommt man zu folgendem Schluss: Auf der einen Seite findet sich der unverrückbare Glaube an die „Thora min Haschamaim“ (wörtlich: die vom Himmel gegebene Thora), die Moses („dem größten Propheten aller Zeiten“) in ihrer Gesamtheit am Berg Sinai direkt von Gott übergeben wurde. Dieses theologische Konzept geht mit der Unfehlbarkeit der gesamten Heiligen Schrift und einzelner Persönlichkeiten einher und muss zwangsläufig zu einem statischen, überstrengen Gesetz führen. So gesehen kann das Judentum daher – aus Angst vor Aufweichung der Gesamtlehre – keinerlei Abweichung vom einmal eingeschlagenen Weg, „auf dem der Mensch zu schreiten hat“ (Halacha), tolerieren.
Dem steht die Vision einer progressiven Offenbarungslehre gegenüber, die auf der Vorstellung beruht, dass die Verfasser der hebräischen Bibel Menschen mit all ihren positiven und negativen Eigenschaften waren – integre, außergewöhnliche und sensible Persönlichkeiten, zwar von Gott inspiriert, doch niemals unfehlbar, um die Worte Gottes ringend, doch nicht immer fähig, den göttlichen Willen in allen Details zu erfassen und zu übermitteln. Um mit dem bedeutenden britischen konservativen Rabbiner Louis Jacobs zu sprechen: „Die Bibel beinhaltet sowohl menschliche als auch göttliche Elemente, und im Text finden sich neben erhabenen Wahrheiten auch fehlerhafte Passagen.“ Solch eine Offenbarungslehre widerspiegelt

daher die Synthese aus ewiger menschlicher Suche nach Gott und Gottes Antwort auf diese Suche. Moderne Theologen sind deswegen der Ansicht, dass die Anerkennung einer historisch-wissenschaftlich fundierten Bibelkritik absolut nichts an der Einmaligkeit und Bedeutung der Thora als göttlich inspiriertem Buch (bzw. Büchern) ändert, ja ganz im Gegenteil eine erweiterte Sicht der Welt und eine anspruchsvollere – weil menschennahe – Theologie ermöglicht. Eine Theologie, die den Gläubigen zwangsläufig dazu bringt, sich mit dem Gesetz und dessen Interpretation, unter Einbeziehung der Ratio und stets in Übereinstimmung mit dem eigenen Gewissen, auseinander zu setzen – eine Forderung, die unter Umständen sehr viel schwieriger zu erfüllen ist, als sich selbstzufrieden und kritiklos dem Gesetz zu beugen.

Es ist keineswegs erstaunlich, dass die (Ultra-)Orthodoxie diese Sicht des Glaubens nicht akzeptieren kann, sie daher mit aller Macht leidenschaftlich bekämpft. Es ist auch gewiss kein Zufall, dass fundamentalistisch denkende Juden dem Reformjudentum alle Schuld an der Assimilation zuschreiben und das liberal-religiöse Judentum mit dem Nationalsozialismus – „nur schlimmer“ – vergleichen.

Interessant und aufschlussreich sind auch die halachischen Argumente der Fundamentalisten zur Untermauerung ihrer Ansichten (analysiert und kommentiert von Rabbiner Tovia Ben-Chorin in „Luchot“ Nr. 210, März 1999, dem Mitteilungsblatt der jüdisch-liberalen Gemeinde Zürich). Ben-Chorin schreibt Folgendes: Für sie (die Fundamentalisten) ist „jemand, der einen Menschen zur Sünde verleitet, schlimmer als jemand, der ihn tötet“. Diese Ansicht der Fundamentalisten wird mit (aus dem Zusammenhang gerissenen) Zitaten belegt, wobei der Text (Midrasch Sifri Deuteronomium ki teze, Absatz 252) folgendermaßen lautet: „Die Ägypter ertränkten die Israeliten im Meer und die Edomiter empfingen sie mit dem Schwert; dennoch verbot sie die Schrift nur für drei Generationen. Nachdem die Amoniter und Moabiter den Einfall hatten, Israel zur Sünde zu verleiten, wurden sie von der Schrift für ewig verboten. Dies lehrt dich: Wer einen Menschen zur Sünde verleitet, ist für ihn schlimmer, als wer ihn tötet. Wer ihn tötet, entfernt ihn nicht aus dieser und der kommenden Welt, wer ihn zur Sünde verleitet, entfernt ihn aus dieser und der kommenden Welt.“

Für die Fundamentalisten sind daher alle modernen jüdisch-religiösen Strömungen mit den Amoniten und Moabiten vergleichbar. Wie schon oben erwähnt, werden hier aus dem Zusammenhang gerissene Zitate benützt, ohne auf Ort und Zeit ihrer Entstehung Rücksicht zu nehmen. Der historische Hintergrund dieser Midrasch-Stelle ist aber sehr wesentlich, denn die Sätze stammen von Rabbi Simon (ein Mischna-Lehrer), der von den Römern zur Zeit des Bar-Kochba-Aufstands (132–135 n. d. Z.) massiv verfolgt wurde und in seiner Verzweiflung zur Heiligung des göttlichen Namens aufrief, also dazu, lieber den Märtyrertod zu sterben, als sich zum Götzendienst überreden zu lassen, der das Leben des verfolgten Juden retten könnte. In einem solchen Fall ist „der Mörder besser als der zur Sünde Verführende". In der Logik von zahlreichen religiösen Fundamentalisten sind daher die fortschrittlichen Richtungen im Judentum („die Verführer zur Sünde") schlimmere Feinde als die Römer und die Nationalsozialisten!

6. Reformen im Spiegel der Zeit

Im Heiligen steige immer aufwärts, nie abwärts.
Schabbat, S. 21b

Das Wort „Reform“, im Gegensatz zur Revolution, bedeutet laut allgemeiner Übereinkunft „Umgestaltung bestehender Verhältnisse, Verbesserung ohne Gewalteinwirkung“. Reformen im Sinne der obigen Definition gab es im Judentum zu allen Zeiten (auch wenn fundamentalistisch denkende Personen dies stets abstreiten), wie im Folgenden gezeigt werden soll. Eine jüdische Reformbewegung, die ganz bewusst für religionsgesetzliche Veränderungen/Verbesserungen eintritt und die Notwendigkeit solcher Reformen auch theologisch begründet, existiert aber erst seit rund 200 Jahren.
Wer das heutige Judentum mit dem Judentum vergangener Perioden (Mittelalter, talmudische oder biblische Zeit) vergleicht, wird leicht feststellen können, dass – in Abhängigkeit von Ort und Zeit – Entwicklungen stattfanden, die in praktisch sämtlichen Bereichen des Judentums zu gravierenen Neuerungen führten. Gäbe es so etwas wie Zeitreisen, dann würde ein Zeitgenosse von Moses, der eine solche Reise antritt, sich weder im talmudischen, geschweige denn im heutigen Judentum zurechtfinden. So kam es, dass selbst diejenigen Juden, die sich heute noch als „thoratreu“ verstehen, gar nicht mehr in der Lage sind, einen Großteil der biblisch fixierten Gesetze einzuhalten. Unser Zeitreisender würde sie alle als „Reformer und Dissidenten“ einstufen. Es kann auch behauptet werden, dass das Judentum ohne Reformen nicht überlebt hätte. Denn welcher vernünftige Mensch kann sich heute noch ein Judentum vorstellen, in dem Priester blutige Tieropfer darbringen; in dem Steinigungen für bestimmte Vergehen an der Tagesordnung sind; Polygamie gestattet ist; die Schulden alle sieben Jahre erlassen werden müssen und die Schwagerpflicht (sog. Levirate-Hochzeit) noch üblich ist? (Siehe Kapitel „Demarkationslinien“.) Ein solches Judentum könnte heute nicht bestehen.
Andererseits basieren viele Traditionen auf einst durchgeführten –

und damals heftig bekämpften – Neuerungen. Dazu gehören: das Tragen einer Kippa (die Kopfbedeckung orthodoxer Juden, eine Sitte, die erst im Mittelalter eingeführt wurde); die Gewohnheit der Chassidim, Streimels (Pelzmützen) und lange schwarze Mäntel zu tragen (im Grunde die Modekleidung christlicher Polen im 18. Jahrhundert); die Festlegung der matrilinearen Linie als Hauptkriterium bei der Bestimmung, wer Jude ist (in biblischen Zeiten galt – und das mag viele überraschen – vorwiegend die patrilineare Linie); die Einführung der synagogalen Poesie (Piutim); die Predigt in der Landessprache; die musikalische Begleitung zum Gottesdienst (selbst Orgeln wurden, lange vor Aufkommen des Reformjudentums, in manchen orthodoxen Synagogen verwendet); das Kol-Nidre-Gebet am Beginn des Versöhnungstages; der kommunale Seder. Viele dieser Reformen gehen auf prominente, geistig flexible Einzelpersönlichkeiten (wie Hillel den Älteren, der das biblische Gesetz vom Schuldenerlass im siebenten Jahr außer Kraft setzte, oder Rabbiner Gerschom von Mainz, der die Polygamie im Judentum verbot) oder auf Rabbinergremien (bestehend aus Menschen, deren Namen uns heute zum Großteil nicht mehr geläufig sind) zurück.
In biblischen und talmudischen Zeiten galten jedoch zwei Grundsätze:

1. Es wurden keine Gesetze beschlossen, die für die Mehrheit der Bevölkerung kaum noch einzuhalten waren.
2. Kein Beit Din (Rabbinergremium) konnte Gesetze und Verordnungen abändern, die von einem Vorgängergremium beschlossen worden waren. Als Ausnahme zu dieser Regel galt: Nur solche Rabbinatsgerichte durften sich über derartige Bestimmungen hinwegsetzen, die nachweislich sowohl an Zahl als auch an Weisheit die Vorgängergremien übertrafen. Dieses Prinzip führte aber im Laufe der Jahrhunderte naturgemäß zu einer Stagnation, da es immer schwieriger wurde, neue oder heikle Entscheidungen zu treffen. Unglücklicherweise beruft sich heute die Orthodoxie – um keine neuen, wesentlichen Entscheidungen treffen zu müssen – auf diese Sitte längst vergangener Zeiten. So wird allen Ernstes argumentiert, dass aus Ehrfurcht vor der immensen Weisheit der alten Lehrer heutige Rabbinatsgerichte nicht würdig genug seien, ernsthafte Reformen durchzuführen, zumal der alte Sanhedrin (bestehend aus 71 Mitgliedern) nicht mehr existiert.

Diese – für die Weiterentwicklung des Judentums so fatale – Ansicht teilen weder konservative noch progressive Rabbiner. Für sie sind zeitgenössische Rabbinatsgremien um nichts weniger kompetent und weise als die altehrwürdigen Gelehrtenversammlungen der Vergangenheit. Aufgrund solcher Überlegungen entstanden auch das Responsa-Komitee der Zentralkonferenz der amerikanischen Rabbiner vor rund 100 Jahren und das Freehof-Institut für Reform-Halacha (USA/Israel), wo prominente Rabbiner zu allen wesentlichen Fragen im Judentum klar Stellung beziehen und zeitgemäße Antworten suchen.

Doch kehren wir nun zurück zu den Anfängen der Reformbewegung in Europa:
Die wichtigsten Vordenker des Reformjudentums im 18. Jahrhundert waren *Naftalie Herz Wessely* (1725–1805), *David Friedländer* (1750–1834) und *Saul Ascher* (1767–1822), Autor des Buches Leviathan. Sie alle plädierten für Reformen der Liturgie, für ein modernes Bildungswesen in jüdischen Schulen und wollten ein Judentum, in dem Ethik und Moral vor Bräuchen und starrer Gesetzerfüllung steht.
Mit dem ausgehenden 18. Jahrhundert änderte sich die Situation der Juden in weiten Teilen Europas radikal. Denn vom Mittelalter an waren die oft in Ghettos eingepferchten Juden vom Wohlwollen einzelner christlicher Herrscher abhängig gewesen, die „ihre" Juden jederzeit ausweisen oder ausrauben lassen konnten und ihnen – bestenfalls – eine religiöse Gemeindeautonomie gewährten. Bürgerliche Gleichberechtigung blieb den Juden gänzlich verwehrt. In diesen Gemeinden lebten die Menschen in ihrer kleinen Welt, ohne Anschluss an die europäische Kultur, wobei ihr Leben nach strengen und durch zunehmenden äußeren Druck immer starreren religiösen Gesetzen ausgerichtet war. Innerhalb dieser Gemeinden konnten einige wenige Persönlichkeiten die absolute Macht über alle anderen ausüben, was dazu führte, dass sämtliche Versuche, Neuerungen einzuführen, im Keim erstickt wurden. Erst durch den aufkommenden Einfluss der europäischen Renaissance, der Reformation und der Aufklärung sickerten langsam neue Ideen auch durch die dicken Mauern der Ghettos. Schon damals träumten viele Juden von einem

Prozess des kulturellen Hineinwachsens in die sie umgebende christliche Gesellschaft („Akkulturation“) und von Bürgerrechten. Selbst in Osteuropa fanden sich einzelne jüdische Wortführer einer solchen Entwicklung, die auf den Westen hin orientiert war und als jüdische Haskala (Aufklärung) bezeichnet wurde. Das unlösbare Dilemma vieler Juden hieß: Wie sollten Menschen, die an ein isoliertes Ghettoleben gewohnt waren, plötzlich ein befreites Leben führen und gleichzeitig an ihren bisherigen (strengen) Sitten festhalten? Viele wünschten sich ein zeitgemäßeres Judentum, das auf ihre neuen Bedürfnisse Rücksicht nimmt, andere zogen sich in ein selbst gewähltes geistiges Ghetto zurück, und manche entschieden sich für den bequemsten Weg: die Taufe.
So kam es, dass im Jahre 1801 in Seesen (Westfalen) *Israel Jacobson* (1768–1828) die erste moderne jüdische Schule gründete, in der die Studenten die Möglichkeit erhielten, sich neben dem Talmud-Studium auch Kenntnisse der Naturwissenschaften, Sprachen und Kultur anzueignen. Das Jahr 1801 gilt somit für viele als das Geburtsjahr des Reformjudentums. Jacobson leitete in Seesen seit 1810 auch einen kleinen Tempel, in dem reformierte Gottesdienste stattfanden. Sein Hauptanliegen war es, einen würdigen Gottesdienst einzuführen, mit verkürzter Liturgie, Predigt in deutscher Sprache, einem gemischten Chor und Orgelmusik. Im Jahre 1813 übersiedelte Jacobson nach Berlin, wo er nun Reform-Gottesdienste im größeren Stil organisierte. Als auf Druck von jüdischen Traditionalisten die preußische Regierung 1823 Reform-Gottesdienste untersagte (dieses Verbot wurde 20 Jahre lang aufrechterhalten), kam es, unter anderem infolge dieses Verbots, zu einer großen Übertrittswelle deutscher Juden zum Christentum. Bis zum Jahre 1840 entstanden, außer in Frankfurt am Main, keine neuen Reformgemeinden mehr, gleichzeitig wuchs eine neue Rabbinergeneration heran, Rabbiner, die sehr viel mehr wollten als nur Reformen des Gottesdienstes.
Ein führender Ideologe dieser Generation war *Abraham Geiger* (1810–1874), ein Rabbiner in Breslau und Vertreter der „Wissenschaft des Judentums“ (die auf *Leopold Zunz* zurückgeht, dessen Ziel es war – durch Erforschung des Judentums unter Anwendung von historisch-kritischen Methoden – zu beweisen, dass sich jüdische Gesetze und Bräuche im Laufe der Geschichte in Abhängigkeit

von inneren und äußeren Faktoren änderten und weiter entwickelten). Er vertrat die Auffassung, dass es das Recht jeder Generation sei, vergangenes Denken und überlieferte Praktiken neu zu interpretieren. Ferner betonte Geiger immer wieder die Ethik und den Universalismus des Judentums und vertrat die Meinung, dass der religiöse Geist, als Produkt der Offenbarung Gottes, sehr viel bedeutsamer sei als das Gesetzessystem. Wie viele seiner Zeitgenossen – und ganz anders als die meisten Reformrabbiner des 20. Jahrhunderts – beabsichtigte er auch, viele „überholte Praktiken“ abzuschaffen, war aber andererseits nicht bereit, auf die Verwendung der hebräischen Sprache beim Gottesdienst ganz zu verzichten.
Einen völlig anderen Weg ging der Dresdner Rabbiner *Zacharias Frankel* (1801–1875). Er betonte die Zentralität des Gesetzes (auch wenn seiner Auffassung nach die Halacha nicht in ihrer Gesamtheit direkt vom Sinai kam), befürwortete Gebete für den Wiederaufbau von Jerusalem und das Kommen des Messias und verurteilte alle Bestrebungen, die hebräische Sprache im Gebet zu vernachlässigen, aufs Schärfste (ein Hauptgrund für seinen Bruch mit Geiger). Frankel, der 1854 Vorsitzender des Rabbiner-Seminars in Breslau wurde, gilt als Vater des modernen (nicht orthodoxen) konservativen Judentums.
Der radikalste Reformer dieser Periode war *Samuel Holdenheim* (1806–1860). Als Rabbiner in Berlin wollte er u. a. die Verlegung des Schabbats auf Sonntag durchsetzen und trat für die Abschaffung der Beschneidung ein sowie gegen das Tragen von Kippa und Tallit. Während sich Holdheim mit seinen radikalen Forderungen in Europa nicht durchsetzen konnte, übernahmen einige US-Gemeinden (wenn auch nicht auf Dauer) seine radikalen religiösen Vorstellungen.
In den Jahren 1844 bis 1846 fanden in Braunschweig, Frankfurt und Breslau die ersten Reformrabbiner-Konferenzen statt, bei denen Weichenstellungen für die Weiterentwicklung der Reformbewegung in Deutschland gesetzt wurden und sich eine relativ moderate Reformposition durchsetzte. Befürwortet wurden Erleichterungen bezüglich Aktivitätsverboten am Schabbat, die ästhetische Aufwertung der Schabbat-Gottesdienste, die Beibehaltung der hebräischen Sprache (wenn auch nicht als absolute Notwendigkeit) in der Ge-

betsliturgie. Gebete für die Wiedereinführung des Opferdienstes und für die Wiederkehr nach Zion wurden gleichzeitig abgeschafft. Die völlige Gleichstellung der Frau war noch nicht geplant, auch wenn erste diesbezügliche Forderungen auftauchten.

Die Reaktion traditioneller Rabbiner auf diese Beschlüsse ließ nicht lange auf sich warten. Aber während sie scharfe Polemiken gegen die Reformbewegung veröffentlichten und Reformrabbinern das Recht absprachen, Ehen zu schließen, versuchten einzelne gemäßigtere Gelehrte das traditionelle Judentum den Zeitnotwendigkeiten in einigen Bereichen anzupassen.
Hier muss an erster Stelle Rabbiner *Samson Raphael Hirsch* (1808–1888) genannt werden, der in Frankfurt am Main, Oldenburg, Nikolsburg und Emden als Rabbiner fungierte. Hirsch bemühte sich um kulturelle Integration der Juden, ohne dabei im religiösen Bereich Konzessionen zu machen. Für ihn waren schriftliche und mündliche Thora gleichermaßen am Sinai offenbart und daher im gesetzlichen Bereich absolut bindend, Änderungen der Liturgie undenkbar. Wegen seiner Weigerung zum religiösen Dialog mit der Reform sprach man bald von der „Trennungsorthodoxie". Auch er, wie die meisten seiner Kollegen, war kein Freund der ersten Zionisten. Hirsch gilt heute als der Vater der „Neoorthodoxie", die als Antwort eines Teils des traditionellen Judentums auf das Aufkommen der Reform in Deutschland verstanden werden kann (sie ist somit auch „jünger" als das Reformjudentum).
Die Weiterentwicklung der Reformbewegung in der zweiten Hälfte des 19. Jahrhunderts verlief weit weniger spektakulär und war gekennzeichnet durch stetiges Wachstum in fast allen deutschen Städten und weit weniger durch öffentliche Auseinandersetzungen mit den Traditionalisten, wobei sehr bald die Mehrzahl der Juden in Deutschland Mitglieder von Reformgemeinden waren.
Von großer Bedeutung für die Weiterentwicklung des progressiven Judentums in Deutschland war die Einberufung der Leipziger Synode im Jahre 1869. Unter der Präsidentschaft von Prof. Moritz Lazarus tagten die Vertreter zahlreicher progressiver Gemeinden aus aller Welt, und bald darauf wurde in Berlin 1870 die „Hochschule für die Wissenschaft des Judentums" gegründet, die erste Ausbildungs-

stätte für progressive Rabbiner in Deutschland und Zentrum der wissenschaftlichen Erforschung des Judentums bis zur Schließung des Institutes im Jahre 1942.
Schon 1936 wurde die erste progressive Rabbinerin – Regina Jonas – in Deutschland ordiniert, es war der allererste Schritt auf dem langen Weg zur vollen Gleichberechtigung der Frau im Judentum.
Sehr viel rasanter und reibungsloser als in Deutschland verlief die Entwicklung der Reformbewegung in den USA, im Land der unbegrenzten Möglichkeiten. Dort, wo es keine staatlich anerkannten jüdischen Gemeinden nach Art der deutschen „Einheitsgemeinden" gab, religiöse Aktivitäten seit jeher Privatangelegenheit waren und eine komplette Trennung von Staat und Religion existierte, konnte sich die Reformbewegung frei und ungestört entfalten. Ein weiterer Faktor, der einer raschen Entwicklung des Reformjudentums entgegenkam, war die Tatsache, dass es in diesem riesigen Land für jüdische Emigranten fast unmöglich war, sich beruflich frei zu entfalten und gleichzeitig alle religiösen Gesetze einzuhalten. So kam es, dass unter dem Einfluss von deutschen Emigranten in der Mitte des 19. Jahrhunderts die Ideen eines zeitgemäßen Judentums von vielen Juden mit offenen Armen angenommen wurden und radikalere Reformen als in Deutschland durchgeführt werden konnten. Schon 1880 identifizierten sich die meisten jüdischen Gemeinden der USA mit der Reformbewegung, die von zwei Persönlichkeiten dominiert wurde: *David Einhorn* (1809–1879), Rabbiner in Baltimore, New York und Philadelphia, der in seinen Ansichten den Radikalreformern Deutschlands nahe stand, und Rabbiner *Isaac Mayer Wise* (1819–1900), ein moderater Reformer, der als Rabbiner in Albany und Cincinnati tätig war und Begründer des „Hebrew Union College" (der Ausbildungsstelle für Reformrabbiner seit 1875).
Die Pittsburgh-Plattform der Reformrabbiner von 1885, bei der Wise als Präsident fungierte und *Kaufmann Kohler* die treibende Kraft war, entwickelte eine Theologie der klassischen Reform und veröffentlichte Grundsätze, die 50 Jahre lang (bis 1937) im US-Judentum Gültigkeit besaßen. So wurden u. a. folgende Punkte definiert: Judentum sei nur eine Religion, aber keine Nation, eine Religion der Vernunft und der progressiven Offenbarung Gottes, in der nur die moralischen Gesetze der Thora als ewig bindend zu betrach-

ten sind und die Rituale mit dem modernen Leben verträglich sein müssen. Überholte Reinheitsgebote, Priesterkult, Kleidungsvorschriften und die strenge Beachtung der Speisevorschriften wurden als nicht mehr zeitgemäß angesehen. Beschlossen wurden auch die Gleichberechtigung der Frau in der Synagoge und die Erleichterung des Übertrittes zum Judentum. Die Verschiebung des Schabbat auf Sonntag wurde hingegen abgelehnt. Außerdem betonte man die Bedeutung von sozialer Gerechtigkeit in der US-Gesellschaft und des interkonfessionellen Dialogs.
Die große Umorientierung der US-Reformbewegung erfolgte ab 1930. Maßgebend für den ideologischen Umschwung waren zwei Faktoren: die Einwanderung einer großen Zahl von Juden aus Mittel- und Osteuropa, die Mitglieder von Reformgemeinden wurden, und die Berichte über Nazigräueltaten in Deutschland. Diese Neuorientierung (und Annäherung an das konservative Judentum) zeigte sich sehr deutlich anlässlich der Rabbiner-Konferenz von 1937 (Columbus-Plattform) unter dem Vorsitz von *Samuel Cohon,* Professor am Hebrew Union College. Im Gegensatz zu bisherigen Ansichten wurde auf die Bedeutung der mündlichen Überlieferung, der jüdischen Bräuche und Zeremonien im Haushalt und in der Synagoge hingewiesen und der Gebrauch der hebräischen Sprache beim Gottesdienst befürwortet. Auch die Einstellung zum Zionismus wurde neu überdacht und der Aufbau Palästinas befürwortet und unterstützt. Seit 1948 wird in allen Reformsynagogen der israelische Unabhängigkeitstag als Feiertag begangen, und israelische Melodien sind Teil der Kabbalat-Schabbat-Feier. Mit all diesen Entwicklungen im US-Reform-Judentum sind Namen wie *Maurice Eisendrath, Nelson Glueck, Solomon Freehof* und *Walter Jacob* eng verbunden.
Parallel zum Reformjudentum entwickelte sich in den USA eine jüdisch-religiöse Bewegung, die geistig stark von Rabbiner *Zacharias Frankl* (der sich 1845 von der Reformrabbiner-Konferenz in Frankfurt, u. a. wegen der Geringschätzung des Hebräischen im Gottesdienst, zurückzog) beeinflusst war. Schon 1887 gründete der sephardische Rabbiner *Sabato Morais* ein eigenes Rabbinerseminar und eine Synagoge, die weder als orthodox noch als Reformsynagoge einzustufen war. Aus diesem Rabbinerseminar entwickelte sich 1902 das konservative Jewish Theological Seminary (die Ausbil-

dungsstätte konservativer Rabbiner). Die Entwicklung dieser eigenständigen und sehr pluralistischen jüdischen Strömung war auch die Folge von Einwanderungswellen osteuropäischer Juden zwischen 1880 und 1914 und der Opposition gegen viele der Beschlüsse der Pittsburgh-Plattform (obwohl konservative Rabbiner die Bedeutung der wissenschaftlichen Erforschung des Judentums nie negierten). 1913 gründete *Dr. Solomon Schechter* die „United Synagogue of Conservative Judaism", der heute rund 800 Gemeinden weltweit angehören, mit einer Gesamtzahl von 1,5 Millionen Mitgliedern. Anders als die Reformbewegung gestattete das konservative Judentum Rabbinergremien nur ein beschränktes Recht, jüdische Bräuche und Gesetze zu ändern und verlangte, dass derartige Maßnahmen ganz (manche meinen weitgehend) im Rahmen der Halacha erfolgen sollten. Im konservativen Judentum finden sich daher mehr traditionelle Elemente in der Synagogenliturgie, und die Speisegebote werden im Allgemeinen strenger beachtet als bei vielen Reformjuden, auch wenn es konservativen Juden gestattet ist, in nicht koscheren Restaurants milchige Nahrungsmittel zu konsumieren. Auch wenn Konservative die Schabbatvorschriften streng befolgen, so ist es ihnen doch – anders als orthodoxen Juden – nach einem Beschluss ihrer Rabbinatsversammlung gestattet, am Schabbat Elektrizität zu benützen und im Bedarfsfall auch mit dem eigenen Wagen zur Synagoge zu fahren.

Überspitzt formuliert konnte man einst sagen, dass „orthodoxe Juden keine Gründe für Änderungen der Gesetze anerkennen, konservative Juden gute Gründe benötigen, um Vorschriften zu ändern" und „Reformjuden gute Gründe benötigen, um keine Veränderungen durchzuführen". Heute, an der Schwelle zum 21. Jahrhundert, sind allerdings – bedingt durch die klare Umorientierung der Reformbewegung in Richtung der Tradition – die Unterschiede zwischen beiden Bewegungen für Außenstehende oft kaum mehr erkennbar. Diese Aussage gilt auch für die gleichberechtigte Stellung der Frauen im konservativen Judentum (schon 1985 wurde die erste konservative Rabbinerin ordiniert).

Eine Variante des konservativen Judentums stellte die von *Mordechai Kaplan* (1881–1983) gegründete rekonstruktionistische Bewegung dar, eine Gruppierung, die vorwiegend in den USA zeitweilig

viele Anhänger fand und sich später vom konservativen Judentum abkoppelte. Kaplan entwickelte die Idee, dass das Judentum als „religiöse Zivilisation“ angesehen werden kann, bestehend aus den Elementen Nation, Sprache, Folklore und Volkskunst (Halacha als „Volksbrauchtum“).
Obwohl aus dem konservativen Judentum hervorgegangen, ist die Bewegung heute die religiöse Strömung, die sich am weitesten von den klassischen jüdischen Traditionen entfernt hat, auch was die Gleichberechtigung von Frauen und Homosexuellen angeht. Die Einhaltung von Ritualen, auch der Speisegebote, wird aber selbst bei ihnen – „um das Leben spirituell zu bereichern“ – empfohlen und ihre kreativ gestalteten Gottesdienste werden vorwiegend auf Hebräisch abgehalten.

In London wurde 1926 die Weltunion für progressives Judentum als Dachorganisation der liberalen, rekonstruktionistischen und der Reformjuden (seit 1973 mit ihrem Hauptsitz in Jerusalem) gegründet, sie vertritt heute rund 1,5 Millionen Juden. Die Weiterentwicklung des progressiven Judentums im Nachkriegs-England wurde von *Rabbiner Leo Baeck* mitgeprägt. Baeck, der vor der Nazidiktatur in Deutschland eine überragende Rolle im Aufbau eines modernen Judentums spielte und selbst von der Orthodoxie hoch respektiert wurde, übersiedelte nach seiner Befreiung aus dem Konzentrationslager nach London und folgte Montefiore als Präsident der Weltunion für progressives Judentum. Mit seiner Hilfe entstand 1956 ein neues Rabbinerseminar, das Leo-Baeck-College in London, als Ersatz für die zerstörte Berliner Hochschule, in der Baeck lange Jahre unterrichtet hatte. Heute existieren in über 35 Ländern bedeutende progressive Gemeinden, die größten von ihnen in den USA, Großbritannien, Kanada, Australien, Neuseeland, Südafrika, Argentinien, Brasilien, Belgien, Holland und Frankreich. In den letzten Jahren und Jahrzehnten entstanden in vielen Ländern, wie u. a. der Schweiz, Deutschland, Österreich, Ungarn, Tschechien, Russland und Israel, zum Teil rasch wachsende, neue progressive Gemeinden.

7. Staat und Religion

Ein Staat aber kann nur durch Gesetze, denen jeder zu gehorchen hat, bestehen. Wollten alle Glieder einer Gesellschaft sich von den Gesetzen lossagen, so würden sie eben damit die Gesellschaft auflösen und den Staat zerstören.
Baruch de Spinoza, Theologisch-politischer Traktat, zuerst 1670 in Amsterdam gedruckt

Trotz Verlustes von Staat, Territorium und einer einheitlichen Alltagssprache hat das Judentum als eine schicksalhaft kontinuierliche Gruppe, die auf einer religiösen Idee gründet, fast zwei Jahrtausende überlebt. Was aber das Judentum von anderen Religionen unterscheidet, ist die Tatsache, dass es nie zur Bildung einer zentralistischen Hierarchie kam. Bis zu ihrer Emanzipation – Folge der Französischen Revolution – waren Juden eine vom Staat losgelöste religiös-nationale Gesellschaft, deren Leben vom verbindlichen jüdischen Religionsgesetz (Halacha) geregelt wurde. Allerdings dort, wo es zwischen diesem Gesetz und dem Gesetz des Staates zu einem Widerspruch beziehungsweise zu einer Differenz kam oder hätte kommen können, erkannten die Juden immer das Gesetz des Staates an. Dieses Prinzip wurde bereits im Talmud kodifiziert.
Unter dem Einfluss der Französischen Revolution und der Aufklärung entstanden seit dem Ende des 18. und Beginn des 19. Jahrhunderts in den Zentren der jüdischen Gemeinden in Osteuropa nationale Ideen und Bewegungen. Die erste war die von westlicher Bildung inspirierte Aufklärungsbewegung „Haskala" (Bildung), welche versuchte, die Juden von der Bevormundung durch Rabbiner zu befreien und sie aus ihrer gesellschaftlichen Isolierung herauszuführen. Die Haskala belebte die hebräische Sprache als Literatursprache und knüpfte somit an eine großartige nationale Vergangenheit an. Hebräisch ist die Sprache der Bibel und der unsterblichen Propheten, deren Schriften von den Rabbinern vernachlässigt wurden.
Vom Standpunkt dieser Rabbiner war diese jüdische Aufklärung viel gefährlicher als die Assimilation. Denn während assimilierte Juden

sich von den Gemeinden entfernten, beharrten die Maskilim (die Gebildeten) darauf, in ihnen zu bleiben, und was die Sache noch schlimmer machte, sie benützten die bis dahin heilige hebräische Sprache, um die bislang unangefochtenen traditionellen Lebensformen der jüdischen Gemeinde zu kritisieren.

Zum ersten Mal musste sich das rabbinische Establishment der Herausforderung einer säkularen Lebensform stellen, die sich zwar mit Begeisterung zum Judentum bekannte, jedoch das Monopol der Halacha ablehnte. In dieser Atmosphäre fand der Zionismus in Osteuropa seine ersten Anhänger. Theodor Herzl (1860–1904) hingegen war zunächst ein Befürworter der radikalen Assimilation. Erst unter dem Eindruck der nationalen Bewegungen im Europa des 19. Jahrhunderts und des aggressiven Rassismus befürwortete er die Konstituierung der Juden als Nation im eigenen Staat. Sein 1896 erschienenes Buch „Der Judenstaat“ führte zur Gründung der mehrheitlich säkularen zionistischen Bewegung.

Die Rabbiner (mit wenigen Ausnahmen) wollten keinen jüdischen Staat, ja lehnten schon den Gedanken an die Errichtung eines solchen Staates mit Empörung ab, da ihrer Auffassung nach dies dem göttlichen Willen widerspricht.

Der bedeutende Kulturphilosoph Achad Haam (1857–1927, Pseudonym von Ascher Hirsch Ginsberg) gab auf die Frage „Wie kann man den Glaubensverlust, die Weigerung, weiterhin unter der Herrschaft der Halacha zu leben, mit Anerkennung einer Tradition, die fast zur Gänze auf dem Glauben an Gott und seine Thora wurzelt, vereinbaren?“ die revolutionäre und einfache Antwort: Es ist nicht notwendig, an Gott oder an die in den Heiligen Schriften befindliche Wahrheit oder deren historische Genauigkeit zu glauben, um die Tradition der Vorfahren zu ehren.

Die Katastrophe, die über die Juden in der Zeit von 1933 bis 1945 hereinbrach, und der Erfolg des politischen Zionismus haben diese säkulare Entwicklung noch bestärkt. Die großen Zentren, in denen die Halacha galt, gab es nicht mehr, der Glaube der Überlebenden war erschüttert und der Respekt für die Rabbiner war stark gemindert. Die Zionisten aber sahen sich in ihrer Haltung bestätigt. Die meisten überlebenden Juden, nicht nur diejenigen, die aus den KZ kamen, bejahten grundlegende zionistische Positionen. In den

jüdischen Gemeinden – auch dort, wo es früher verpönt war – akzeptierte man jetzt den Zionismus, der oft genug auch die Religion ersetzte.
Nach dem Zweiten Weltkrieg kam es unter den Überlebenden zu einem echten Ausbruch jüdisch-nationaler Emotionen. Nie wieder sollten Juden von der Gnade anderer abhängig sein. Die antizionistischen orthodoxen Rabbiner aus Mittel- und Osteuropa, die ihren Anhängern die Auswanderung (auch nach Palästina) verboten und sie aufgefordert hatten, sich auf Gott zu verlassen, mussten sich scharfe Kritik gefallen lassen. Hätte sich das rabbinische Establishment der Errichtung eines jüdischen Staates widersetzt, so hätte es jeglichen noch verbliebenen Respekt und jede Unterstützung verloren.
Die britische Mandatsregierung weigerte sich, KZ-Überlebenden die Einreise nach Palästina zu gestatten. Für die Gründung Israels war aber die Masseneinwanderung eine Voraussetzung. Deshalb war die zionistische Führung daran interessiert, als einzige Vertretung der Juden Palästinas aufzutreten und beharrte darauf, die Unterstützung auch nicht zionistischer Bewegungen, wie der orthodoxen „Agudat Israel", zu erhalten. 1947 bestätigte der spätere Ministerpräsident David Ben Gurion in einem Brief die Ergebnisse seiner Verhandlungen mit dieser Organisation. Bereits davor hatte die zionistische Bewegung in Palästina Kompromisse mit dem religiösen Establishment geschlossen. Doch der Brief Ben Gurions wird immer wieder als ein bis heute grundlegendes Dokument des Status quo bestätigt. Weil die zionistische Hegemonie sicher schien, meinte Ben Gurion auf eine Trennung der Religion vom Staat verzichten zu können.
Der Brief beginnt mit der Feststellung, dass keine Körperschaft in der Lage ist, schon vor der Gründung des jüdischen Staates seine Verfassung zu bestimmen. Aber eine Prämisse für die Entstehung des Staates Israel war die Anerkennung durch die Vereinten Nationen, „und das kann nicht sein, wenn nicht allen Bürgern Gewissensfreiheit zugesichert wird und wenn es nicht klar ist, dass keine Absicht besteht, einen theokratischen Staat zu errichten. Im jüdischen Staat werden auch nicht jüdische Bürger leben – Christen und Moslems, und es ist klar, dass man schon vorher allen Bürgern volle Gleichberechtigung und das Vermeiden von Zwang oder Diskrimi-

nierung in Angelegenheiten der Religion oder auf anderen Gebieten zusichern muss."

Gleichzeitig wurde prinzipielles Verständnis für die Sorgen von „Agudat Israel", aber auch anderer religiöser Juden ausgedrückt und Folgendes zugesichert:

a) „*Samstag*. Der gesetzliche Ruhetag im jüdischen Staat wird der Samstag sein. Christen und Angehörigen anderer Religionen wird natürlich zugesichert, ihren Ruhetag an einem anderen Tag zu nehmen.
b) *Kaschrut*. In jeder staatlichen Küche, die Juden bedient, wird das Essen koscher sein, dafür werden alle notwendigen Mittel zur Verfügung gestellt.
c) *Zivilstand*. Der Ernst und die großen Schwierigkeiten dieses Problems sind bekannt. Es wird auf diesem Gebiet alles Mögliche getan, um das tiefe Bedürfnis der Religiösen zu befriedigen und damit keinesfalls eine Teilung des Hauses Israel in zwei Teile eintrete.
d) *Erziehung*. Jeder Strömung in der Erziehung wird volle Autonomie (apropos: dieses System gibt es schon jetzt) zugesichert und es wird von Seiten des Staates keinerlei Verletzung des religiösen Bewusstseins und Gewissens geben. Der Staat wird selbstverständlich das Minimum der Pflichtschule feststellen, hebräische Sprache, Geschichte, Naturwissenschaften und Ähnliches mehr, und die Erfüllung dieses Minimums überwachen, wird aber jeder Strömung volle Freiheit geben, nach ihrem Bewusstsein und ohne Verletzung des religiösen Gewissens zu erziehen."

Dieses Dokument bewirkte, dass die größte nicht zionistische Bewegung sich an der Errichtung des Staates Israel beteiligte.

Freilich wurde in diesem Dokument festgelegt, dass alle Gesetze und die Verfassung – die es bis heute nicht gibt – aufgrund der Wünsche der Bürger beschlossen werden. Dieses Prinzip sah einen säkularen Staat vor, in dem jede endgültige Entscheidung vom souveränen Willen des Volkes abhängt.

Jeder Argumentation, es hätten in diesem Staat außer den selbst beschlossenen Gesetzen noch andere zu gelten, wurde damit die Grundlage entzogen. Der säkulare Charakter des Staates wurde in der Unabhängigkeitserklärung festgelegt, die bestimmt, dass das jüdische Volk „das natürliche Recht“ hat, ein selbstständiges Leben zu führen. Das ist ein säkularer Ausdruck, der sich nicht mit den in der Halacha enthaltenen Doktrinen vereinbaren lässt, nach denen Gott dieses Land dem jüdischen Volk geschenkt hat und er dieses zurücknahm, als es viele Sünden beging und somit ein derartiges Geschenk nicht mehr verdiente. Die Unabhängigkeitserklärung spricht von historischen und natürlichen Rechten und lehnt damit die These ab, wonach das jüdische Volk ein Instrument des Willens Gottes sei.

Über den Inhalt dieser Erklärung gab es scharfe Diskussionen, insbesondere darüber, ob man in ihr Gott erwähnt. Alle – ohne Unterschied der Einstellung zur Religion – akzeptierten die Formel „Im Vertrauen auf den Fels Israels“. Dies wird von Religiösen als ein Synonym Gottes und von den anderen als Ausdruck des nationalen „Ich“ gewertet.

Die Idee der Volkssouveränität, wie im israelischen Parlament, der Knesset, verwirklicht, ist die Grundlage für die Gesetzgebung in Israel. Der Oberste Gerichtshof des Staates Israel hat den Grundsatz bestätigt, dass die grundlegende Norm des israelischen Gesetzes der Wunsch des Gesetzgebers sei, und entschied: „Israel ist kein theokratischer Staat, denn nicht die Religion, sondern das Gesetz bestimmt das Leben des Bürgers.“

Kein Zweifel, viele säkulare Juden gehen weiterhin in die Synagoge, insbesondere während der großen Feiertage, und vermitteln ihren Kindern eine Art jüdische Erziehung, die auch religiös genannt werden kann. Das hat mit der nationalen Komponente des Judentums zu tun und nicht mit dem halachischen Ideal, Gott gefällig zu handeln. In einer Kultur, die über Jahrhunderte hinweg lediglich eine religiöse Erscheinungsform hatte, ist das natürlich.

Die Gesetze, welche die Religion betreffen, wurden und werden von einem säkularen Gesetzgeber bestimmt. Nur diejenigen Bestimmungen der Halacha gelten in Israel, welche vom souveränen Willen des Gesetzgebers beschlossen werden. Das bringt für die Befürworter der Halacha als einem göttlichen Gesetz einige Probleme mit sich.

Eine andere Lösung war nicht möglich, denn ein moderner Staat kann nicht nach den Regeln der Halacha geführt werden. Die Forderung nach einem Staat der Thora und der Halacha wurde zwar bereits 1948 erhoben, doch die Führer der religiösen Zionisten waren in der

Mehrheit Pragmatiker und begnügten sich zur Zeit der Staatsgründung mit der Befriedigung ihrer speziellen religiösen Bedürfnisse. Mit dieser Taktik, die von den ultraorthodoxen Rabbinern schwer kritisiert wurde, erreichten sie nach und nach einen wachsenden Einfluss auf die Gesellschaft.

In letzter Zeit hört man in Israel immer wieder den Ruf nach nationaler Versöhnung und nach einem Dialog zwischen Orthodoxen und Säkularen. Diese beiden Teile der Gesellschaft verstehen darunter allerdings nicht dasselbe. Die meisten Orthodoxen beurteilen die säkulare Mehrheit als Ignoranten, als „wertlose Menschen ohne Werte" und können sich dabei auf die Halacha beziehen, wonach ein Dialog mit – im besten Fall irrenden, im schlimmsten Fall ketzerischen – Menschen nur aus taktischen Gründen befürwortet werden darf. Hingegen meint es der säkulare Teil – mit wenigen Ausnahmen von extrem antiklerikalen Gruppen – sehr ernst mit diesem Angebot des gesellschaftlichen Konsenses. Ein Zusammenleben aller Staatsbürger kann es nur aufgrund der prinzipiellen Akzeptanz der demokratischen Gesellschaftsform und deren Gesetze geben.

Seit der Staatsgründung ist die orthodoxe Bevölkerung schnell gewachsen und damit auch ihr politischer Einfluss. Waren in der ersten, 1949 gewählten Knesset von den 120 Abgeordneten 16 Vertreter der religiösen Einheitsliste, so änderte sich das mit den Jahren. 1999 stellen die orthodoxen Parteien bereits 27 Abgeordnete. Nicht zufällig bekämpfen die Ultraorthodoxen seit einigen Jahren das Oberste Gericht. Sie möchten nur die Gesetze akzeptieren, die ihnen passen, und diejenigen ablehnen, von denen ihre Rabbiner sagen, sie seien mit der Halacha nicht vereinbar. Sie wollen im Staat Israel das Prinzip des Rechtsstaates nicht anerkennen.

Während die Orthodoxen der säkularen Mehrheit ihren Lebensstil aufzwingen wollen, befinden sich die Säkularen seit vielen Jahren in der Defensive. Ihnen geht es immer nur darum, nicht ihre eigenen Freiheiten aufgeben zu müssen, weil eine aggressive Minderheit diese nicht akzeptiert.

Es wäre sehr einseitig, dafür nur die orthodoxen Politiker verantwortlich zu machen. Auch die säkularen Politiker, die sich aus verschiedenen Gründen nicht an die ursprünglichen Ideale des Zionismus – der als säkulare Bewegung begann – hielten und Schritt für

Schritt die halachische Definition des Judentums akzeptierten, verschärften damit all die Probleme, auf die im Kapitel über Religionsfreiheit näher eingegangen wird.

7.1 Die Säkularen in Israel

Für ungefähr die Hälfte aller israelischen Juden hat die Religion keine oder fast keine Bedeutung. Sie bezeichnen sich als säkular, d. h., sie halten sich nicht an die halachische Auslegung der Religion und die religiösen Ge- und Verbote. In Israel, aber auch im Ausland, wählen Säkulare ihren eigenen Weg zur Realisierung ihres Judentums, auch in Bezug auf die ethnische Solidarität, ein wesentliches Element des jüdischen Lebens. Freilich sind sie keine homogene Gruppe und es gibt Unterschiede im Verhalten der Säkularen zur Religion und zum religiösen Establishment.
Die Überlappung zwischen Religion und Nation charakterisiert nicht nur die Juden, doch bei Juden konnte man bis vor 150 Jahren überhaupt keinen Unterschied zwischen Religion und Volk ausmachen. Gegen den Prozess der Entnationalisierung, der in der Folge der Emanzipation im 19. Jahrhundert in Mittel- und Westeuropa begann, wandten sich die Zionisten, die einerseits gegen die religiöse Tradition der Passivität revoltierten, andererseits aber ihre Symbole und Mythen eben dieser Tradition entnahmen. Vor allem aber nahm der Zionismus die „Heilige Sprache" und machte daraus das moderne Hebräisch. Die Bibel wandelte sich in ihren Händen von einem religiösen Buch zu einem geografischen Führer, zu einer Beschreibung der Natur des Landes Israel. Aus dem „Heiligen Land" machten Zionisten ein reales, von Juden besiedeltes Land.
In Israel ist eine eigene säkulare Kultur entstanden, die zum großen Teil identisch mit der Kultur der israelischen Arbeiterbewegung war, deren Gründer zumeist keine europäische Erziehung, sondern eine traditionell jüdische genossen hatten. Sie sahen sich als die legitimen Erben einer alten Tradition und benützten sowohl der Halacha als auch der modernen Welt entnommene Argumente. Diese Generation von sozialistischen Zionisten hatte kein Minderwertigkeitsgefühl gegenüber den Orthodoxen, im Gegenteil. Die säkulare He-

gemonie während der ersten Jahrzehnte des Staates Israel drückte sich nicht nur im politischen Kräfteverhältnis aus, sondern auch in der Tatsache, dass sich die meisten religiösen Zionisten zu den im Judentum wohl begründeten universellen Ideen und Werten der Gleichheit und Demokratie bekannten. Der Idealismus der israelischen Armee und der kollektiven Siedlungen wurde auch von ihnen durchaus in der jüdischen Tradition der gegenseitigen Verantwortung gesehen.

Der Sechstagekrieg änderte dies. Plötzlich wurden die nationalen Symbole religiös ausgelegt, und zehn Jahre nach diesem Sieg wurde die Hegemonie der Arbeiterbewegung gebrochen. Schon zuvor wurde die vorherrschende linke zionistische Kultur, die von Selbstbeschränkung gekennzeichnet war, durch eine Kultur des Konsums ersetzt. In dieser Atmosphäre empfand die Öffentlichkeit die religiöse Siedlerbewegung – die ja einige Äußerlichkeiten des sozialistischen Zionismus übernahm – als eine legitime Erbin der Arbeiterbewegung. Doch die religiösen Siedler beschränkten sich auf das nationale Element, das im sozialistischen Zionismus immer durch das Universelle gemäßigt wurde. Viele Säkulare verloren ihre Selbstsicherheit und akzeptierten die militante Meinung, wonach lediglich die Religiösen „authentisches Judentum" repräsentieren.

All das, was Juden in der Kultur und Wissenschaft des 20. Jahrhunderts geschaffen haben, stammt jedoch von der äußerst produktiven Begegnung mit der modernen Kultur, und diese gründet auf säkularen Prinzipien. Zu Minderwertigkeitskomplexen gegenüber den Religiösen haben Säkulare also gar keine Ursache.

Wie auch in anderen Gesellschaften in industriell entwickelten Ländern sind viele der israelischen Säkularen Atheisten. Für sie ist Gott der wichtigste Held der Bibel und anderer klassischer Bücher der jüdischen Literatur, die ja Gott geschaffen hat – sowohl als Abbild des Menschen als auch als Abstraktion. Gott wird als ein Emblem einer langen literarischen Tradition betrachtet, jedoch ohne eine praktische Autorität im persönlichen oder gesellschaftlichen Leben.

In diesem Sinne ist die Bibel eine literarische und historische Anthologie, ein Kernstück jüdischer Kultur und Identität. In der Bibel findet man alle literarischen Gattungen der westlichen Literatur, es werden Literatur, Gesetze, Geschichte, Chronik und Philosophie des

ersten Jahrtausends des Judentums als die pluralistische nationale Kultur des jüdischen Volkes geboten.
Säkulare Juden feiern die jüdischen Feste im neuen Gewand, indem sie „alte Gefäße mit einem neuen Inhalt" füllen. Wer einmal ein Pessachfest in einem säkularen Kibbuz erlebt hat, kann dies bestätigen. Auch Säkulare bekennen sich stolz zur jüdischen Tradition und den in den Zehn Geboten festgelegten ethischen Grundsätzen der Bibel.
Eine repräsentative Umfrage in Israel zeigt, dass sich die israelische Öffentlichkeit in Bezug auf Bildung und Wissenschaft einerseits, andererseits bei der Ablehnung von Irrationalität ähnlich verhält wie die Öffentlichkeit in Deutschland oder England. Dennoch haben in den USA, wo die Bevölkerung abergläubischer ist als in Israel, die Religion und die Kleriker viel weniger Bedeutung auf der politischen Ebene als in Israel. Auch dieses Beispiel zeigt, dass es die Eliten Israels versäumt haben, eine politische Kultur zu schaffen, die dem religiösen Establishment eine Vorherrschaft auf einigen Gebieten und die Ausübung von Zwang nicht gestattet.
Gerade deswegen werden in Israel nach einer langen Zeit der Entmutigung säkulare Kräfte wieder aktiv, die Judentum nicht auf Religion oder religiöse Praxis beschränken und die sich stolz zur jahrtausendealten jüdischen Kultur bekennen. Eine besondere Rolle spielt dabei der „Internationale Verband säkularer humanistischer Juden" und deren israelische Zeitschrift „Jahadut Chofschit" („Freies Judentum"), zu deren Mitarbeiter Schriftsteller, Wissenschaftler und Journalisten gehören.

7.2 „Die Demokratie integriert sich sehr schön in die religiöse Weltanschauung"

Interview mit *Michael Melchior*, dem ehemaligen orthodoxen Oberrabbiner Norwegens und jetzigen Minister für die Verbindungen mit der Diaspora, der in der Regierung die gemäßigte orthodoxe Bewegung Meimad, die Teil des von der Arbeitspartei geführten Wahlblocks ist, vertritt. Diese Bewegung – die den Friedensprozess befürwortet – hat dem religiösen Establishment dort, wo dieses nur noch seine Pfründe verwaltet, den Kampf angesagt.

Einst waren die religiösen Parteien gemäßigt, während heute die meisten extrem chauvinistische Positionen beziehen und der Mehrheit ihren Lebensstil aufzwingen wollen.

Dieses Problem existiert. Ich nenne es die Einengung der Thora. Der Talmud spricht davon, dass die Thora den Menschen helfen soll, sich dem Schöpfer der Welt zu nähern, um eine Gesellschaft mit mehr Werten zu schaffen. Wer aber die Ausgewogenheit verliert, der kommt in Gefahr.

Die Politisierung der Religion in Israel gab dem religiösen Establishment ein Monopol über das Judentum im breitesten Sinn des Wortes. Aus Gründen der Parteipolitik wurde die Thora durch religiöse Politiker sehr eingeschränkt. Und das ist eine Gefahr nicht nur für die Thora, sondern auch für die Politik. Deswegen haben wir uns politisch engagiert und uns an das größte und stabilste politische Lager, an den Wahlblock unter der Führung der Arbeitspartei, angeschlossen, um unsere Werte mit den ihren zu verbinden.

Was bedeutet „Einengung der Thora"?

Die erwähnten Politiker haben die Thora auf die Frage der Grenzen des Landes Israel verengt. Auch wir denken, dass es eine wichtige Verbindung zwischen dem Volk und dem Land gibt. Aber immer stehen das Volk, das Leben von Menschen im Zentrum, und das Land ist sekundär. Die Gruppen, die aus dieser Frage den Mittelpunkt machten, haben die Thora verzerrt und damit fast jeden Dialog in der Gesellschaft verhindert.

Die Fragen, ob man aus Sicherheitsgründen auf Gebiete verzichten soll und ob Friedensverträge moralisch sind, können demokratisch diskutiert werden. Aber wenn jemand sagt, der Schöpfer der Welt hat verboten, einen Friedensvertrag zu unterzeichnen, gefährdet er nicht nur den Friedensprozess, sondern auch den inneren Frieden. Dann kann es keine demokratische Diskussion mehr geben.

Welche Rolle sollten die Haredim in der Gesellschaft spielen?

Die Haredim haben um sich eine Mauer eines freiwilligen Ghettos gebaut. Sie isolieren sich von der Gesellschaft aus erzieherischen und religiösen Gründen und waren damit in einer erstaunlichen Weise und in verhältnismäßig kurzer Zeit erfolgreich. Obwohl ich diesen Weg nicht beschreite, haben auch die Haredim ihre historische Berechtigung. Man kann über Erscheinungen bei den Haredim diskutieren, sollte sich aber nicht prinzipiell gegen sie stellen, sie sind Teil der israelischen Gesellschaft. Vielleicht ist es ein Akt historischer Gerechtigkeit, dass die Haredim wieder eine wichtige Kraft wurden im vielfältigen Mosaik Israels. Auf lange Sicht besteht aber kein Grund zur Furcht. Denn auch dieser Bevölkerungsteil muss wegen seiner Stärke und Größe zu der – meiner Meinung nach – richtigen Ausgewogenheit kommen, damit er weiterhin existieren kann. Ohne den Wert des Lernens der Thora herabmindern zu wollen – sie werden einen Weg finden müssen, um auch ihren Teil der Lasten dieser Gesellschaft zu tragen.

Das wollen sie aber nicht!

Sie wollen nicht, aber sie müssen den Weg finden, das weiß ich aus Gesprächen mit ihnen. Viele Haredim verstehen, dass sie keine Wahl haben. Sie müssen ihren Teil der wirtschaftlichen Lasten tragen. Das Gleiche gilt für den Militärdienst.

Aber bis jetzt lehnen sie alle Vorschläge, produktiv zu werden, radikal ab. Nie gab es in der jüdischen Geschichte so viele Jeschiwaschüler wie jetzt, und die Mehrheit führt ein Leben ohne Lernen und ohne Arbeit.

Die Leiter der Jeschiwot und die Öffentlichkeit der Haredim kennen dieses Problem. Die Tatsache, dass viele nicht in der Armee dienen und deswegen Schwierigkeiten haben, einen Arbeitsplatz zu finden, führt dazu, dass wir eine große Anzahl von Leuten haben, die weder intellektuell noch physisch in der Lage sind, den ganzen Tag zu lernen, und die sich müßig herumtreiben. Das kann nicht akzeptiert werden. Deswegen bin ich überzeugt, dass sowohl die Haredim als auch die ganze israelische Gesellschaft einen neuen Modus finden werden, ohne Revolutionen, sondern aufgrund von Gesprächen.

Aber die orthodoxe Zeitung „Jated Neeman“ schrieb, dass eine Aussöhnung und Vereinbarung mit der säkularen Mehrheit nicht in Frage kommt.

In letzter Zeit sind einige aus den Jeschiwot ausgeschieden und zum Militär geschickt worden. Das ist ein Beginn. Die Öffentlichkeit im Land ist nicht mehr bereit, ihre Privilegien zu dulden, und die Haredim werden nachgeben müssen, schon aus wirtschaftlicher und prinzipieller Notwendigkeit.

Gibt es zwischen der Halacha und dem bürgerlichen Gesetzbuch einen Widerspruch?

Es gibt keinen Widerspruch. Ein Jude kann zu 100 Prozent laut Halacha leben und zu 100 Prozent die Gesetze des Staates Israel einhalten. Ein Widerspruch ist verboten, deswegen können wir akzeptieren, dass es ein staatliches und ein religiöses Recht in Israel gibt, und beide können koexistieren – sofern man nicht beginnt sich zu ereifern, zum Beispiel mit einer Massendemonstration gegen das Oberste Gericht. Ich denke, es gibt gar keinen Widerspruch zwischen Judentum und Demokratie. Im Gegenteil. Die Demokratie integriert sich sehr schön in die religiöse Weltanschauung.

8. *Religionsfreiheit und Freiheit von der Religion*

Der Staat Israel […] wird die Entwicklung des Landes zum Wohle aller seiner Bewohner fördern. Er wird auf den Grundlagen der Freiheit, der Gerechtigkeit und des Friedens im Sinne der Propheten gegründet sein. Er wird allen seinen Bürgern, unabhängig von Religion, Rasse oder Geschlecht, volle soziale und politische Gleichberechtigung gewähren. Er wird Freiheit in Religion, Gewissen, Sprache, Erziehung und Kultur gewährleisten.
Aus der Unabhängigkeitserklärung des Staates Israel

8.1 Zweierlei Recht in Israel

Das israelische Recht ist eines der kompliziertesten und unübersichtlichsten der Welt, denn dazu gehören Teile des bis 1917 gültigen osmanischen Rechts, Gesetze aus der Zeit des britischen Mandats, in denen sich das englische Gewohnheitsrecht niederschlug, Elemente des jüdischen religiösen Gesetzes und Aspekte anderer Systeme. Dazu kommen die seit 1948 von der Knesset beschlossenen Gesetze und die durch Urteile gebildeten und daraus resultierenden Präzedenzfälle.

Des Weiteren wurden besondere „Grundgesetze" gebilligt, zum Beispiel eines über die „freie Berufswahl und Menschenwürde", und das Prinzip „Grundgesetz vor einfachem Gesetz" wurde 1995 bestätigt, als der Oberste Gerichtshof die Befugnis erhielt zu überprüfen, ob von der Knesset verabschiedete Gesetze gegen ein Grundgesetz verstoßen.

Im Lauf der Jahre entwickelte sich durch richterliche Entscheidungen des Obersten Gerichtshofes ein umfangreiches Fallrecht zum Schutz von Bürgerrechten wie Rede-, Versammlungs- und Religionsfreiheit. Als höchstes Gericht erster und letzter Instanz ist der Oberste Gerichtshof zuständig bei Anträgen auf Rechtshilfe von Einzelpersonen gegen die Regierung, ihre Minister sowie andere Vertreter und Behörden des Staates.

Die Rechtsprechung in allen Personenstandsangelegenheiten (Ehe, Scheidung, Unterhalt, Vormundschaft, Adoption usw.) ist in Israel allerdings den Gerichten der jeweiligen Religionsgemeinschaften übertragen – für Juden sind das Rabbinatsgerichte, Schariagerichte für Moslems und entsprechende kirchliche Gerichte für Christen.

Obwohl die meisten israelischen Juden nicht orthodox sind, werden sie in diesem wichtigen Lebensbereich einer religiösen Gesetzgebung unterworfen. 50 Jahre nach Staatsgründung wird daher vermehrt die Frage gestellt, ob sich das Land in Richtung Theokratie oder Demokratie weiterentwickeln soll. Die orthodoxen Parteien, ohne die bislang keine Koalition gebildet wurde, spielen seit langer Zeit in der Knesset eine wichtige Rolle. Ermuntert von ihren Erfolgen im Parlament versuchen orthodoxe Kreise nun auch verstärkt ihren Einfluss in der Justiz spürbar werden zu lassen. Denn diese ist – bei allen Bemühungen, den Orthodoxen entgegenzukommen – der Garant für die Einhaltung der weltlichen Gesetze und wirkt so der schleichenden Unterhöhlung der demokratischen Freiheitsrechte entgegen.

Das Grundgesetz der „Menschlichen Würde und Freiheit“ definiert Israel als einen „jüdischen und demokratischen Staat“. Jedoch gewinnen religiöse Auffassungen, die den „jüdischen“ Charakter des Staates als orthodox interpretieren, oft genug die Oberhand.

Durch bevorzugte finanzielle Behandlung von religiösen Institutionen, den Mangel an öffentlichem Verkehr am Samstag (dem wöchentlichen jüdischen Ruhetag) und zum Beispiel das Verbot, nicht koscheres Fleisch zu importieren, wird das Prinzip der Gleichheit nicht verwirklicht, da nicht jüdische Minderheiten sowie nicht orthodoxe Juden diskriminiert werden.

Israel hat zwar das „International Covenant on Civil and Political Rights“ (ICCPR), die „Internationale Vereinbarung über zivile und politische Rechte“, 1991 unterzeichnet und legt seither jedes Jahr einen Bericht an die Menschenrechtskommission der UNO vor, zuletzt für das Jahr 1998. Doch die in israelischen Deklarationen postulierten Prinzipien der Religions- und Gewissensfreiheit und das grundlegende Recht zu heiraten und eine Familie zu gründen werden von den gesetzgebenden und durchführenden Organen des Staates

Israel oft verletzt. Denn die Unterzeichnung erfolgte mit einer dem Vertrag widersprechenden Einschränkung. Mit dieser wird versucht, die Verweigerung des Rechtes zu heiraten, die Verletzung des Gleichheitsprinzips der Ehepartner während der Ehe beziehungsweise bei ihrer Auflösung einer Überprüfung zu entziehen.

Es gibt beunruhigende Tendenzen. Das Oberste Gericht, das – ohne sich auf eine Verfassung stützen zu können – über die Grundrechte und Freiheiten im Staate Israel wacht, wird heute bedroht.
Diejenigen Entscheidungen des Gerichts, welche die religiöse Freiheit und Gleichheit verteidigen, werden heftig und bitter attackiert, insbesondere von Kreisen, die mit dem religiös-politischen Establishment verbunden sind und selbst das Oberste Gericht nicht anerkennen. Diese Attacken gipfeln bisweilen sogar in Drohungen gegen das Leben der Richter. Am 14. Februar 1999 demonstrierten gegen das Oberste Gericht in Jerusalem mindestens eine Viertelmillion orthodoxe Israelis. Nur ein paar hundert Meter von diesen kamen 50.000 Verteidiger des Obersten Gerichtshofes zusammen, die eine Trennung der Religion vom Staat befürworten.
Hier eine Auswahl von wichtigen Entscheidungen des Obersten Gerichtshofes vom November 1996 bis zum Februar 1999, welche die Religion betreffen und zeigen, dass das Gericht einen Mittelweg verfolgt:

- Mit Mehrheit wird den Rabbinats-Gerichten untersagt, jemanden aus der jüdischen Gemeinschaft auszustoßen oder zu ächten. Ein Richter war der abweichenden Meinung, die Rabbinats-Gerichte seien zwar dem Staat untergeordnet, ihre Autorität komme aber laut Tradition von der Thora.
- Es annulliert die Entscheidung eines Rabbinats-Gerichtes, dass ein Ehemann, der orthodox wurde, gegen den Willen seiner Frau, die säkular und Vormund der Kinder geblieben ist, bestimmen kann, wo die Kinder erzogen werden.
- Die Petition des Vaters eines gefallenen Soldaten, die Regierung zur Aktion gegen Haredim zu veranlassen, die an den Gedenktagen das Andenken an die gefallenen Soldaten und an die Opfer des Holocausts beleidigen, wird abgewiesen.
- Die Petition, den vom Staat bezahlten Rabbiner Mordechai Eliahu

vor ein Disziplinargericht zu stellen, weil er für die National-Religiöse Partei während der Wahlen 1996 gearbeitet hat, wird abgewiesen.

- Der Beschluss eines Rabbinats-Gerichtes, eine geschiedene Frau zu zwingen, ihren Sohn auf Wunsch des Vaters in eine staatlich-religiöse Schule zu schicken, wird annulliert.
- Sieben Richter schlagen eine Petition nieder, den orthodoxen Schass-Abgeordneten Rafael Pinhasi als Vorsitzenden einer Knesset-Kommission abzulehnen, nachdem dieser wegen krimineller Handlungen verurteilt wurde.
- Elf Richter beschließen einstimmig, dass die Aufschiebung der Militärdienstpflicht für Jeschiwastudenten illegal ist.

Am 30. April 1999 bekannte sich die orthodoxe Liste „Thora Judentum“ in mehreren Zeitschriften stolz dazu, u. a. folgende „antireligiöse Gesetze“ verhindert zu haben:

- das Gesetz zur Wehrdienstleistung für die Jeschiwaschüler
- das Grundgesetz für Gewissens- und Religionsfreiheit: die Trennung der Religion vom Staat
- das Gesetz zur Einführung eines Zivildienstes
- das Grundgesetz zur Verankerung der Prinzipien der Unabhängigkeitserklärung
- das Gesetz zur Anerkennung der Reform und der Konservativen als religiöse Strömungen
- das Gesetz zum Import von nicht koscherem Fleisch

Meimad, eine kleine orthodoxe Partei und Verbündete der Arbeitspartei, geht allerdings einen anderen Weg, sie erkennt die Hoheit des Staates und der Gesetze an und hat sogar vor der orthodoxen Massendemonstration gegen das Oberste Gericht den Richtern demonstrativ Blumen überreicht. Diese Gruppe wendet sich auch gegen jeden religiösen Zwang. Siehe Interview mit Minister Melchior, S. 57.
Entscheidungen des Obersten Gerichts, die Staat und Religion betreffen, wurden von den bisherigen Regierungen oft umgangen; so ignorieren die Minister seit sieben Jahren fünf einstimmige Entscheidungen eines elfköpfigen Senats des Obersten Gerichts bezüglich des Rechtes von nicht orthodoxen Kandidaten, Mitglied der religiösen Räte zu werden.

Die ultraorthodoxen Parteien versuchen Urteile des Obersten Gerichts, die auf den Prinzipien der Gleichheit, der Religions- und Gewissensfreiheit beruhen, zu annullieren. So wurden die Entscheidungen des Obersten Gerichts bezüglich der Registrierung von nicht orthodox Konvertierten als Juden, des Rechts von nicht orthodoxen Juden, an der Klagemauer zu beten, des Rechts nicht orthodoxer Juden, Mitglied in lokalen religiösen Räten zu werden, sowie des Rechts, Fleisch zu importieren, umgangen. Der oben erwähnte Bericht des Staates Israel an die Menschenrechtskommission für das Jahr 1998 erkennt deshalb auch an: „Diese Vereinbarungen sind nicht immer leicht mit dem umfassenden Prinzip der Religionsfreiheit zu versöhnen. Es soll betont werden, dass der Staat gleicherweise die Freiheit von Juden und Nichtjuden verteidigt, die von ihnen gewählte Form der religiösen Praxis und Gottesdienste auszuüben [...] Dennoch werden einige religiöse Normen – in erster Linie in Bezug auf Heirat, Scheidung, Übertritt und Begräbnis – in einer das Persönlichkeitsrecht verletzenden Weise angewendet. Dazu kommt, dass die nicht orthodoxen jüdischen Gemeinden darum kämpfen müssen, dass ihre Gottesdienste und ihre religiöse Autorität ebenso anerkannt werden wie die der orthodoxen Gemeinden."

Zahlreiche Meinungsumfragen der letzten Jahre bestätigen, dass die Mehrheit der Israelis die Prinzipien des Internationalen Abkommens und der Unabhängigkeitserklärung Israels unterstützt. 67,9 Prozent der israelischen Öffentlichkeit glauben, dass der religiöse politische Sektor einen größeren Einfluss hat als wünschenswert. 63 Prozent der Befragten befürworten es, den Strömungen der Reform und der Konservativen gleiche gesetzliche Rechte zu gewähren wie den Orthodoxen. Diese Meinungsumfragen sind bedeutsam, weil ja 17,5 Prozent der israelischen Juden sich als „orthodox" und 33 Prozent als „traditionell" definieren.

8.2 Religionsfreiheit und Zwang

Die moderne Orthodoxie hat keine Antwort auf die aktuellen Probleme des Judentums und des jüdischen Volkes gefunden, ja sie hat eigentlich kein Verständnis für diese Probleme.
Jeschajahu Leibowitz

An der Klagemauer in Jerusalem genießen nur Orthodoxe die Freiheit der Religionsausübung. An verschiedenen Feiertagen 1997 wurden nicht orthodoxe Betende von der Polizei mit Gewalt vom Platz vor der Klagemauer entfernt, während sie versuchten ihre die Gleichberechtigung berücksichtigenden Gottesdienste durchzuführen. Die Gruppe „Frauen an der Klagemauer" war einige Mal Opfer von Gewalt, während sie versuchte, ihr Gebet entsprechend der orthodoxen Halacha zu sprechen. Bereits vor zehn Jahren haben diese Frauen ein Gesuch beim Obersten Gericht eingereicht, damit sie ihre Gebete an der Klagemauer verrichten können. Das Gericht wandte sich an die Regierung in der Hoffnung auf eine befriedigende Lösung. Aufgrund des starken Widerstands von orthodoxen Betenden und des Oberrabbinates sollen weder die „Frauen der Klagemauer" noch der Reform oder den Konservativen angehörende Gruppen das Recht haben, an der Klagemauer ihre Gottesdienste abzuhalten. Es wurde empfohlen, dass diese Gruppen ihre Gottesdienste weit weg von der Klagemauer am östlichsten Punkt der südlichen Mauer abhalten sollen.

Religiöse Räte

Das 1971 beschlossene Gesetz über die „Jüdischen Religionsdienste" sieht in jeder jüdischen Selbstverwaltung die Schaffung eines Religionsrates vor. In den moslemischen und christlichen Ortschaften gibt es keine vergleichbaren Institutionen. Diese Religionsräte sind verantwortlich für die Administration der religiösen Dienstleistungen, inklusive die Registrierung von Heiraten, die Aufsicht über die Kaschrut, die Finanzierung religiöser Einrichtungen, religiöse Information, Friedhofswesen und andere Dienste. Die Finanzierung erfolgt aus Steuermitteln. Laut Gesetz sollten die verschiedenen Organisationen und Gemeinden, die an religiösen Diensten interessiert sind, in diesen Räten vertreten sein, sie werden nicht gewählt, sondern entsprechend dem lokalen Parteienproporz entsandt. Trotzdem gab es bis 1987 keine weiblichen Mitglieder. Nach einem Rechtsstreit wurde eine orthodoxe Frau Mitglied eines Religionsrates in der Ortschaft Jerucham. Seitdem wurden Frauen als Mitglieder dieser Räte ernannt, jedoch leistet in einigen Fällen das orthodoxe Establishment dagegen Widerstand. Im November 1998 fällte ein Senat des Obersten Gerichts mehrere Entscheidungen, die bestimmten, dass Mitglieder der Reform und der Konservativen sowie „Nichtorthodoxe" in mehrere religiöse Räte aufgenommen werden müssen. Oberrabbiner Bakschi-Doron reagierte auf diese Entscheidungen mit der Aufforderung, die religiösen Räte überhaupt aufzulösen.

Nicht orthodoxe Mitglieder der religiösen Räte werden bis heute boykottiert, obwohl das Oberste Gericht wiederholt und einstimmig Urteile gefällt hat, wonach dieser Boykott eine illegale religiöse Diskriminierung darstellt. Deswegen wurden bereits orthodoxe Würdenträger mit Geldbußen belegt – die sie dann aus der Staatskasse bezahlten.

Ende Januar 1999 feierten die Orthodoxen in der Knesset einen unerwarteten Sieg, der mit nur einer Stimme Mehrheit äußerst knapp ausfiel. Das neue Gesetz verpflichtet alle Mitglieder der religiösen Räte dazu, einen Eid zu schwören, sich allen religionsgesetzlichen Entscheidungen des orthodoxen Oberrabbinats zu unterwerfen. „Dies ist das erste antisemitische Gesetz, das die Knesset verabschiedet hat", erklärte Jossi Sarid, Chef der linksliberalen Meretzpartei. „Es diskriminiert Juden, nur weil sie der Reform oder den Konservativen angehören."

Rabbinatsgerichte

Die staatlichen Rabbinatsgerichte sehen sich vor allem dem religiösen Gesetz verpflichtet. In Fällen, in denen es zum Konflikt zwischen den zivilen und den religiösen Gesetzen kommt, bevorzugen sie die religiösen Gesetze. Während die Richter des Staates Israel in ihrem gesetzlich vorgeschriebenen Eid ihre Treue „dem Staate Israel und seinen Gesetzen" schwören, begnügen sich die Rabbinatsrichter mit der Formel ihrer Treue „dem Staate Israel". Durch diese Differenzierung fühlen sich die Rabbinatsrichter berechtigt, die gültigen israelischen Gesetze nicht anzuwenden.

Allerdings akzeptieren diese Gerichte in letzter Zeit „argumentierende Rabbinerinnen“, d. h. Rechtsanwältinnen.

Die Finanzierung von religiösen Diensten
Obwohl 20 Prozent der Bevölkerung in Israel nicht jüdisch sind, bekommt dieser Teil weniger als zwei Prozent aus dem Budget des Ministeriums für religiöse Angelegenheiten.
Das Budget des Ministeriums für religiöse Angelegenheiten wurde während der Zeit der Regierung Netanjahu um mehr als ein Drittel erhöht.

Budget in Tausend Schekel

1996	1997	1998
1.165.579	1.326.034	1.551.956

Viele Jahre lang wurden zu religiösen Parteien gehörende Institutionen durch „besondere Zuteilungen“ finanziert. Mit dieser direkten Finanzierung durch die Regierung wurden Gelder ausgezahlt, die in den verschiedenen Koalitionsabkommen versprochen worden waren. Sehr oft kam es dabei zu einem argen Missbrauch. Deshalb – und aufgrund einer scharfen Kritik des Obersten Gerichtes 1988 – wurde diese Einrichtung 1992 abgeschafft. Die Gesetzesnovelle verlangt von jedem Regierungsamt die Veröffentlichung detaillierter Kriterien, mit denen die Gleichheit bei den Zuteilungen für nicht staatliche Einrichtungen objektiviert werden soll. Allerdings definierte das Religionsministerium die Bedingungen so, dass wieder nur mit religiösen Parteien verbundene Institutionen eine Zuteilung erhalten können.
Nach Jahren der Rechtsbeschwerden hat auch eine Hochschule der Reformbewegung eine Zuteilung zugesprochen erhalten, die aber wegen bürokratischer Obstruktion oft genug nicht ausgezahlt wird.

Diskriminierung höherer Bildungseinrichtungen
Ultraorthodoxe Jeschiwot erhalten enorme finanzielle Zuschüsse aus Steuermitteln. Die Jeschiwaschüler bekommen vom Staat Stipendien unter der Bedingung, dass sie keiner Arbeit nachgehen. Oft genug wird dadurch Müßiggang von der öffentlichen Hand finanziert. Jeschiwaschüler werden vom Militärdienst befreit und ihre

Studiendauer ist unbegrenzt. Viele „lernen“ Jahrzehnte. Zur Zeit werden ungefähr 30.000 Jeschiwaschüler vom Militärdienst zurückgestellt, was 7,5 Prozent der Militärdienstpflichtigen entspricht. Das bedeutet seit 1995 einen Zuwachs von 20 Prozent.
Im Gegensatz zu den Jeschiwaschülern erhalten Studenten an Universitäten und Hochschulen keine Stipendien für den Lebensunterhalt und müssen hohe Studiengebühren entrichten, außerdem müssen sie vor ihrem Studium den Militärdienst absolvieren.
Die staatlichen Subsidien erhalten die Jeschiwot aufgrund der Anzahl ihrer Schüler. Die Anzahl der vom Religionsministerium unterstützten Jeschiwaschüler stieg von 50.000 im Jahr 1980 auf 159.000 im Jahr 1996. Nach dem Wahlsieg der rechtsorthodoxen Koalition 1996 stieg die Zahl der Jeschiwaschüler auf 193.000. Dieser unwahrscheinliche Zuwachs alarmierte sogar den Finanzminister, der seine Kontrolleure ausschickte, um festzustellen, ob alle vom Staat unterstützten Institutionen überhaupt existierten und wie viele Schüler dort lernten. Das Resultat war schockierend: Allein die Ankündigung einer Überprüfung genügte, um die Zahl der Schüler sinken zu lassen. Sollte das jetzige Wachstum an Jeschiwot und Universitäten sich fortsetzen, dann rechnet man im Jahr 2005 bereits mit 2,4-mal so vielen Jeschiwaschülern wie Studenten. 1996 gab es noch 1,4-mal so viele Studenten wie Jeschiwaschüler.

Diskriminierung an Schulen

Israel hat zwei „offizielle“ Erziehungssysteme, ein allgemein staatliches und ein staatlich-religiöses. Das staatlich-religiöse steht hauptsächlich im Dienst der modernen Orthodoxen und ist mit der National-Religiösen Partei (NRP) verbunden. Die verschiedenen ultraorthodoxen Strömungen, die nicht bereit sind, die Autorität der modernen zionistischen Orthodoxie zu akzeptieren, erhalten vom Staat Unterstützung für zahlreiche „anerkannte“, aber nicht staatliche Schulen. Mit dem wachsenden Einfluss der ultraorthodoxen Parteien stiegen auch die Subventionen für diese Schulen. Nach einer Novellierung des Budgetgesetzes 1992 erhielten auch die Sepharden ultraorthodoxe Schulen. Die Novellierung des Gesetzes war der Preis der Schass-Partei für ihre Teilnahme an einer Koalition mit der Arbeitspartei. So erhielt Schass Zuwendungen für ihre Erziehungsinstitute, die außerordentliche Begünstigungen gewähren, die es anderswo nicht gibt, zum Beispiel kostenlose Ganztagsschulen und Kindergärten, Mahlzeiten und Schulbusse. Andere Institutionen kommen dadurch in Schwierigkeiten und manche werden zur Schließung gezwungen.

Das Budget für das Schass-Erziehungsnetz „Ma'ayan Hachinuch Hatorani" hat sich seit Beginn des Jahrzehnts auf das Zehnfache erhöht und die Zahl seiner Schüler wuchs jährlich durchschnittlich um 17 Prozent, schrieb die Zeitung „Haaretz" am 25. 5. 1999. Untersuchungen haben ergeben, dass die Subvention pro Unterrichtsstunde in den ultraorthodoxen Schulen höher ist als in den staatlich säkularen.

Hingegen benachteiligt der Staat die Schulen der Reform und der Konservativen, denen enorme Schwierigkeiten bereitet werden. Der Oberste Gerichtshof entschied zwar 1988, dass diese Diskriminierung gesetzwidrig ist, doch dies hindert die Behörden oft nicht daran, das Gesetz zu missachten. Insbesondere ist das der Fall, seitdem das Erziehungsministerium in den Händen der orthodoxen Parteien ist.

Dem Staat ist sukzessive die Kontrolle über die orthodoxe Gesellschaft sowie ihre Schulnetze entglitten. Es gibt keine allgemein verbindlichen Lehrpläne für so wichtige Gegenstände wie Geschichte, Hebräische Sprache, Literatur und Staatsbürgerkunde, Letztere wird überhaupt nur ein Viertel aller israelischen Schüler gelehrt.

Religiöser Zwang

In den meisten Gegenden Israels gibt es am Schabbat (Freitag abend bis Samstag abend) keinen öffentlichen Verkehr, was die Mobilität der Bevölkerungsanteile mit niedrigen Einkommen behindert. Es gibt fast keine privaten Busunternehmen, die am Samstag den mangelnden öffentlichen Verkehr ersetzen und die Kosten für Taxis sind überhöht. Wegen dieses religiösen Zwanges können viele Menschen den einzigen freien Tag in der Woche nicht so nützen, wie sie es möchten. Orthodoxe Kreise versuchen immer wieder das Offenhalten von Freizeiteinrichtungen (Restaurants, Kinos usw.) am Schabbat zu verhindern und erhalten dazu die Hilfe des Staates.

Religiöse Werte bevorzugt
Während Jeschiwaschüler routinemäßig keinen Militärdienst leisten müssen, können säkulare Militärdienst- und Waffendienstverweigerer nur mit großen Schwierigkeiten und oft nach einer entwürdigenden Prozedur davon befreit werden.
Der Staat subventioniert Programme, die in aggressiver Weise säkulare Juden missionieren, damit sie einen orthodoxen Lebensstil annehmen, hingegen werden Programme, die Ultraorthodoxen helfen sollen ihren Lebensstil zu ändern, nicht unterstützt. In beiden Fällen werden religiöse Werte über säkulare Werte gestellt.

Hetze
Während das geltende Strafgesetzbuch öffentliche Erklärungen, „die religiöse Gefühle oder den Glauben von anderen Personen verletzen", als Verbrechen mit Gefängnis bestraft, dürfen Rabbiner und politische Führer der verschiedenen orthodoxen Gruppen seit Jahren extremistische Erklärungen gegen die Strömungen der Reform und der Konservativen abgeben, ohne deswegen mit Sanktionen rechnen zu müssen. Einige dieser Erklärungen führten zu drohenden und belästigenden Telefonanrufen. Laut Angaben von IRAC („Israel Religious Action Center") haben weder die Polizei noch die Staatsanwaltschaft etwas in dieser Angelegenheit unternommen.
In den letzten Jahren kommt es immer mehr zu Gewalttätigkeiten orthodoxer Gruppen, wie beim Kampf für die Sperrung der Jerusalemer Bar-Ilan-Durchgangsstraße für den Verkehr am Samstag und die Angriffe gegen nicht orthodoxe Betende an der Klagemauer. In vielen Fällen wurden auch nicht koschere Fleischereien und Restaurants angezündet, hauptsächlich an Orten, in denen Einwanderer aus der ehemaligen UdSSR konzentriert sind.

8.3 „Es ist besser, er bleibt ein Ignorant und hält die Thora und die Gebote …"

Gespräch am 16. 4. 1999 mit einem *jungen israelischen Rabbiner,* der seine Position als Leiter einer religiösen Schule aufgegeben hat und sich – mit einer Reihe anderer ehemaliger Haredim – neben seinem Beruf damit befasst, junge Haredim, aber auch säkulare Kreise mit den Ideen der Demokratie und der kritischen Vernunft bekannt zu machen. Er will aus Sicherheitsgründen *anonym* bleiben.

Wie kamen Sie und Ihre Gruppe dazu, sich als Aufklärer von Haredim zu betätigen?
Demokratie bedeutet, dass jeder seinen Glauben frei wählen kann und die Menschen gleichberechtigt sind. Wir sind besorgt über die gegenwärtige Situation in unserem Land. Gerade weil wir einmal Haredim waren, erkennen wir die Religion als Kern des Problems. Der spürbare Kraftzuwachs der Haredim ließ sie immer fanatischer werden und trotzdem an Einfluss gewinnen, deswegen sorgen wir uns um die Existenz des Staates Israel. Im Gegensatz zu den Säkularen wissen die Haredim, was sie wollen. Da es keine Erziehung zum Säkularismus gibt, weiß man auch nicht, was das bedeutet. Schlimmer noch, die Demokratie wird nicht als Religionsfreiheit verstanden. Im Rahmen meiner Tätigkeit halte ich Vorträge vor Erwachsenen. Ich frage zum Beispiel: Wenn 80 Mitglieder der Knesset (das sind zwei Drittel) ein Gesetz beschließen würden, dass jeder erwachsene Jude täglich den Gebetsriemen anlegen muss, wäre das ein demokratisches Gesetz? Die Hälfte der Anwesenden antwortete mit „Ja". Ihrer Meinung nach könnte die Mehrheit in der Knesset für ein solches Gesetz stimmen, was ja absurd ist.
Wie kann man das Problem lösen?
Das Problem ist die politische Kraft der Haredim, die nicht gewohnt sind, für sich selbst zu denken. Sie machen einfach das, was ihnen ihr Rabbiner sagt. Und warum tun sie das? Sie wurden schon im zarten Alter dazu erzogen. Denn der Rabbiner hat immer Recht, auch wenn er rechts für links erklärt. Und sie erhalten keine Bildung, weil ihre Rabbiner panische Angst davor haben. Denn diese würde die jungen Leute befähigen selbst zu denken, und sie würden nicht mehr automatisch gehorchen.
Was macht Ihre Gruppe konkret?
Wir wollen erreichen, dass die jungen Leute anfangen selbstständig zu denken. Wir versuchen nicht, sie von der Thora wegzubringen und sie vom Einhalten der Ge- und Verbote abzuhalten. Wir wollen,

dass sie aufhören ihr Herz und ihr Hirn zu verschließen, und aus ihnen denkende Menschen machen. Wenn dann ein junger Haredi selbstständig denkt, kann er auch selbst bestimmen, welche Partei er wählt.
Das ist, was wir auch in unseren Flugblättern und Broschüren schreiben. Wir zitieren bedeutende Rabbiner der Vergangenheit, die für eine rationale Überprüfung all dessen eintraten, was mit Vernunft zu klären ist.

Wie kann man die isoliert lebenden Haredim erreichen?

Tatsächlich leben sie hinter geistigen und physischen Mauern, aber wir sprechen ihre Sprache und stellen ihnen Fragen zur Thora. Dazu brauchen wir keine Wissenschaftler oder Medienleute. Die Rabbiner verbieten ihren Schülern, die Broschüren zu öffnen. Trotzdem kommt es zum Dialog.
Vor Jahren lehrte ich einen Jeschiwaschüler, der keine Ahnung von Geografie hatte und nicht verstand, wie man eine geografische Karte betrachtet. Er hatte nur Thora gelernt und keine säkularen Gegenstände. Deshalb konnte er mir die einfache Frage nicht beantworten, was ist westlich und was ist östlich. Ich zeigte ihm einen Globus und fragte, wo stehen die Menschen. Er meinte, nicht auf der Kugel, denn da würde man ja herunterfallen, die Menschen stehen drinnen. Ich fragte: Und wie sehen wir dann den Himmel? Also begann ich, ihm Geografie beizubringen, denn wie kann man ohne elementare Kenntnisse der Geografie den Talmud studieren? Das wurde dem Leiter der Jeschiwa mitgeteilt, der mir verbot, dem jungen Mann weiterhin die Grundbegriffe der Geografie beizubringen, und zwar mit dem Argument: „Es ist besser, er bleibt ein Ignorant und hält die Thora und die Gebote, als dass er ein Gebildeter wird, der keine Gebote hält.“ Das ist der zentrale Punkt.
Ein anderer Rabbiner sagte: „Wer nicht denkt, von dem kann man sagen, er sei tot. Aber wenn euch ein Gedanke einfällt, der dazu führen könnte, dass ihr nicht die Thora und die Gebote achtet oder dass ihr sogar zum Ketzer, zum Ungläubigen werdet, dann ist es zu bevorzugen, dass ihr nicht denkt.“ Das heißt, es ist besser für tot zu gelten als denkend zu leben. Das ist die Weltanschauung der Haredim. Und deswegen sagt er seinen Schülern: „Lest nicht diese Broschüren!“ Er bevorzugt also nicht denkende, „tote“ Seelen!

Wir benützen ihr Denk- und Argumentationssystem und zitieren Rabbiner der orthodoxen Welt. Da sie nicht gegen ihre eigenen Autoritäten auftreten können, geraten sie in Argumentationsnot. Wir zeigen ihnen, dass das, was heute in den Jeschiwot geschieht, nicht gut ist. Nicht wir sagen das, sondern die von ihnen respektierten wirklich Großen der Thora. Wir haben bereits eine ganze Pressemappe mit wütenden Reaktionen der orthodoxen Medien.

Wie reagieren junge Haredim auf diese Broschüren?

Häufig gehen sie zu ihren Rabbinern und fragen. Diese geraten unter Druck und der Schüler sieht, dass es auf unsere Fragen keine Antworten gibt. Er beginnt mit uns zu argumentieren, wie er das gewohnt ist. Er versucht also seine Gedanken – mit unserer Hilfe – zu organisieren. Schlussendlich vertrauen uns einige Schüler und stellen sich vor, andere wiederum bleiben anonym. Wir sind erst ein halbes Jahr tätig, deswegen sind es noch nicht sehr viele, die uns besuchen. Wir haben aber viele Briefe erhalten und wir versuchen das Vertrauen der Korrespondenten zu erreichen. Wir freuen uns über jeden, der anfängt selbstständig zu denken und der mit uns in eine Diskussion tritt. Wenn er die Gebote der Thora einhalten will, so haben wir damit keine Probleme.

Aber für diese jungen Leute ist das doch ein schweres existenzielles Problem?

Wir sorgen für Familien, die sie für eine Zeit aufnehmen. Es gibt eine Menge säkulare Familien, die sich an uns gewandt haben und dazu bereit sind, um ihnen die Integration in die säkulare Gesellschaft zu erleichtern. Übrigens, diejenigen, die sich aufgrund unserer Broschüren melden, gehören zu den intelligentesten, denn unsere Broschüren haben ein hohes Niveau. Die kommen nicht, weil sie sich ausleben wollen, sondern aus ideologischen Gründen. Und ihre Neugierde ist überwältigend. Einmal haben wir um ein Uhr in der Nacht in Bnei Brak [religiöse Ortschaft in der Nähe von Tel Aviv] unsere Broschüren verteilt. Ein Junge nahm die Broschüre und stellte sich unter eine Straßenlampe und las die Broschüre 20 Minuten lang.

Die Rabbiner haben eine panische Angst vor einer neuen Auflage der Haskala [jüdische Aufklärung]. Ihre Angst ist berechtigt. Die Aufklärung wirkt gegen den Fanatismus. Tatsächlich gibt es doch an unseren Universitäten nicht wenige religiöse Professoren. Aber die sind nicht fanatisch, sie wollen ihre Anschauungen und ihre Lebensform säkularen Menschen nicht aufzwingen. Die Haredim sorgen sich ständig um die Lebensform der Säkularen und wollen auf diese Zwang ausüben. Das ist ihr und unser Problem.

Ihr sorgt für die existenziellen Bedürfnisse der „Aussteiger", aber ist es nicht schwer für sie, sich von ihrer gewohnten Lebensform zu trennen?

Ein 16-Jähriger hat die Verbindung mit uns aufgenommen. Ich sagte ihm, vorläufig solle er dort bleiben, wo er ist. Diese Jungen wurden so erzogen, dass sie denken, nur diejenigen, die Thora studieren, haben eine Moral. Ohne Thora lebt man ein Leben ohne Inhalt, mit Drogen, mit Verbrechen. Ihre Rabbiner schildern die säkulare Welt als ganz schlecht. Und wenn junge Leute sich abnabeln, dann denken einige von ihnen beispielsweise, die Säkularen hätten ständig Sex. Sie verlieren plötzlich die gesellschaftlichen Normen, weil sie glauben, ohne Thora gibt es keine solchen. Deswegen muss man sie beruhigen. Man muss mit ihnen viel reden, um sie an die säkulare Umwelt zu gewöhnen. Wir sprechen hier in Tel Aviv eine ganz andere Sprache als ihre Leute. Das ist eine Welt mit anderen Begriffen. Sie müssen die säkulare Kultur kennen lernen, bevor sie ihre gewohnte Umgebung verlassen. Wenn sie schon so sprechen können wie ein Säkularer und gedanklich reif sind, und das dauert, erst dann macht es einen Sinn, sie wegzubringen.

Die Jeschiwaschüler erhalten vom Staat eine Zuteilung, vorausgesetzt, sie arbeiten nicht. Lehnen die Rabbiner eine Arbeitsbeschaffung deswegen ab, weil sie ihre Schüler im „Ghetto" behalten wollen?

Aber natürlich, das ist der Grund, weshalb sie nicht zum Militär gehen, und das ist auch der Grund, warum sie keine säkularen Gegenstände lernen dürfen. Die Rabbiner verstehen instinktiv – wie sie es nennen im Existenzkampf –, dass, wenn man dieses Ghetto öffnet, sie ihre Anhänger verlieren könnten.

Gibt es keine Pflichtschule in Israel mit einem minimalen Lehrplan?

In den meisten ultraorthodoxen Schulen lernt man lediglich Rechnen bis zu den Brüchen, d. h. bis zum Alter von zwölf, dreizehn Jahren, und sonst keine weltlichen Fächer.

Und was ist mit jüdischer Geschichte und Staatsbürgerkunde ?
Nein, sie lernen lediglich Thora und die Grundrechnungen. Sonst gar nichts.
Wie viele von den ungefähr 150.000 Menschen, die von sich sagen, „die Thora sei ihr Beruf", lernen wirklich?
Die Frage muss anders gestellt werden: Wie viele von ihnen sind überhaupt befähigt, den ganzen Tag zu lernen? Ich schätze fünf Prozent und nicht viel mehr. Die meisten Jeschiwaschüler lernen durchschnittlich nicht mehr als drei Stunden täglich. Das aber kann auch ein Soldat oder ein im Berufsleben Stehender tun. Das Studium der Thora ließe sich also mit diesen Tätigkeiten vereinbaren.

9. Wer ist Jude?

Aber Ruth antwortete: Dränge mich nicht, dich auch zu verlassen.
Ich will bei dir bleiben. Wohin du gehst, dorthin gehe ich auch;
wo du bleibst, da bleibe auch ich. Dein Volk ist mein Volk,
und dein Gott ist der meine.
Ruth 1, 16

Die Frage „Wer ist Jude?" erhitzt wie kaum eine andere die Gemüter im Judentum. Während es heutzutage kaum Diskussionen um die Definition des Begriffes „Judentum" gibt – wahrscheinlich weil es unmöglich ist, eine allgemein gültige Definition zu finden („Volk" – „Konfession" – „Schicksalsgemeinschaft" – „Normengemeinschaft" – „von allem etwas"?) –, droht der Streit um das „Wer" das Judentum immer tiefer zu spalten. Für orthodoxe Juden existiert auf diese Frage nur eine einzige legitime Antwort: „Jude/Jüdin ist, wer eine jüdische Mutter hat (auch bei einem nicht jüdischen Vater), bzw. wer nach den Regeln der Halacha (und nur durch einen orthodoxen Rabbiner) zum Judentum konvertierte." Konservative (nicht orthodoxe) Juden folgen ebenfalls der matrilinearen Abstammungsregel und akzeptieren – im Allgemeinen – Reformübertritte.
Progressive Juden sind in der Frage der matrilinearen Abstammung untereinander nicht ganz einig. Während das USA-Reformjudentum im Allgemeinen mit der Fixierung alleine auf die mütterliche Abstammungslinie nicht einverstanden ist, neigen europäische progressive Juden (vorwiegend, um nicht alle Brücken zur Orthodoxie abzubrechen) dazu, die traditionelle Definition in diesem Punkt anzuerkennen.
Um ihre Position zu erläutern, argumentieren viele USA-Reformjuden wie folgt: Die Tradition, Menschen aufgrund der mütterlichen Abstammung als Juden anzuerkennen, war nicht zu allen Zeiten Brauch im Judentum. In biblischen und nachbiblischen Zeiten galt die väterliche Abstammung als Hauptkriterium zur Statusbestimmung. (Ein Blick auf die biblische Genealogie zeigt diese Tatsache ganz klar: Das Umdenken in Bezug auf die elterliche Abstammungslinie fand erst in der Periode des Esra im 5. Jahrhundert v. d. Z. statt

und wird von manchen Gelehrten in Verbindung mit 5 Mose 7, 3 und Esra 9 und 10 gesehen, andere argumentierten mit den „möglichen Unklarheiten in Bezug auf die Vaterschaft". Heutzutage wird auch auf den dominierenden Einfluss der Mutter auf das Kind in der Prägungsphase hingewiesen, ein Argument, das in Anbetracht veränderter sozialer Strukturen und der Berufstätigkeit vieler Frauen – ganz besonders in Israel – heute kaum mehr Gültigkeit hat.) Ein weiteres Argument gegen die Festlegung auf die mütterliche Abstammungslinie lautet: Diese Tradition führt häufig zu absurden Situationen: So kommt es immer wieder vor, dass Kinder eines jüdischen Vaters und einer nicht jüdischen Mutter, die in Liebe und Verbundenheit zum Judentum aufwachsen, nicht als Juden gelten, hingegen Kinder einer jüdischen Mutter und eines nicht jüdischen Vaters, die sich überhaupt nicht als Juden fühlen, unter Umständen ihr Judentum sogar verleugnen (Beispiele dafür existieren viele), gegen ihren Willen zu Juden erklärt werden. Viele Reformjuden meinen daher, dass es besser sei, jeden einzelnen Fall eines Kindes aus einer interkonfessionellen Ehe individuell prüfen zu lassen, um dann objektiv und im Sinne der Familie und des Judentums entscheiden zu können.

Letztlich wird auch argumentiert, dass jeder ernsthafte Übertritt, gleichgültig ob durch einen orthodoxen oder nicht orthodoxen Rabbiner durchgeführt, anerkannt werden sollte, weil heutzutage auch progressive Konversionen im Sinne der Halacha erfolgen.

9.1 Zwischen Schammai und Hillel: über die koschere Konversion zum Judentum

Einst suchte ein Soldat, der Jude werden wollte, den für seine große Strenge bekannten Gelehrten Schammai auf und trug ihm die Bitte vor, der heilige Mann möge ihm in möglichst kurzer Zeit (auf einem Fuß stehend, wie er es ausdrückte) die Quintessenz des Judentums erklären (Talmud, Shab 31a). Wie viele Außenstehende vor und nach ihm, beging der brave Fremde einen entscheidenden Denkfehler. Er dachte, dass nur die überstrenge Schule das „wahre Judentum" repräsentiere, dass alleine dort seine Fragen beantwortet werden wür-

den. Natürlich erwartete er auch, „mit offenen Armen" empfangen zu werden. Es kam aber alles anders als von ihm erhofft: Der heilige Gelehrte setzte ihn ob seiner „Chuzpe" unsanft vor die Tür. Als er dann etwas später die gleiche Frage bei Hillel dem Älteren (einem Konkurrenten des Schammai und wegen seiner großen Weisheit und Milde in der Gesetzesinterpretation berühmt) vortrug, erhielt er eine interessante Antwort: „Was dir verhasst ist, tue auch deinem Nächsten nicht an. Das ist die ganze Thora und alles andere ist nur Erläuterung. Geh und lerne sie!"

Obwohl im 1. Jahrhundert v. d. Z. die Schule des Schammai hoch angesehen war, entschieden nachfolgende Generationen, das jüdische Gesetz im Sinne der menschenfreundlichen Schule des Hillel zu interpretieren. Es war ein weiser Entschluss zum Besten des Judentums. Leider scheint es so, als gerate diese Tradition immer mehr in Vergessenheit und als kehrten große Teile der heutigen Orthodoxie zur Schule Schammai zurück.

So kommt es, dass Konversionswillige, die – wie einst unser Soldat – in bester Absicht und mit großen Hoffnungen sich zuerst an die strenge Schule wenden, fast immer eine böse Überraschung erleben: Im Allgemeinen (Ausnahmen bestätigen die Regel) werden sie mit offenem Misstrauen und mit Ablehnung konfrontiert; es wird alles unternommen, um sie von ihrem Vorhaben abzubringen, und außerdem werden sie auch zu sehr problematischen Aussagen gezwungen, denn wer beispielsweise ehrlich zugibt, nach erfolgter Konversion nicht alle 613 Mizwot (365 Verbote, 248 Handlungsgebote) streng einhalten zu wollen oder gar als Hauptmotiv eines Übertritts die Liebe zum jüdischen Partner eingesteht, ist von Anfang an chancenlos. Und auch die wenigen, die trotz aller Hindernisse den orthodoxen Giur (die Konversion) schaffen, sind selbst als Juden vor bösen Überraschungen nicht sicher, wie der Fall der Mrs. Cohen und ihrer Kinder in dramatischer Weise zeigt:

Im Jahre 1977 besuchte die Engländerin Miss Paula Wilson, deren Großvater Jude war, Israel und verliebte sich in Land und Leute. Sie beschloss zu konvertieren und schaffte, trotz aller Schwierigkeiten, 1981 eine orthodoxe Konversion im Lande. Zu diesem Zeitpunkt beschloss der damalige Oberrabbiner Goren, in sämtliche Konversionszertifikate den schriftlichen Passus „Nur gültig innerhalb der Grenzen Israels“ einzufügen (eine selbstherrliche Entscheidung, die Jahre später wieder rückgängig gemacht wurde). Nach ihrem Übertritt lernte Paula Wilson einen Israeli mit Familiennamen Cohen kennen. Sie beschlossen zu heiraten. Eine Hochzeit im Lande war aber nicht möglich, da nach halachischem Recht ein „Cohen“ (ein – angeblicher – Nachfahre eines Priesters) gewisse Frauen – nämlich Geschiedene, Konvertitinnen und Prostituierte – nicht heiraten darf (siehe Kapitel „Der Status der Frau und das Familienrecht im Judentum“). Die beiden heirateten daher in einer englischen Reformsynagoge – dort gilt diese Beschränkung nicht – und kehrten dann nach Israel zurück, wo schließlich ihre drei Kinder zur Welt kamen. Im Jahre 1987 übersiedelte die Familie aus beruflichen Gründen nach England (Newcastle). Auf Wunsch der Eltern sollten die Kinder die lokale, orthodoxe jüdische Schule besuchen. Aber die Schuldirektion verweigerte die Aufnahme der Kinder und wurde in dieser Entscheidung vom London Beit Din (dem rabbinischen Gerichtshof) unterstützt. Die Begründung: Für den damaligen Oberrabbiner Lord Jacobovitz waren weder Frau Cohen noch ihre Kinder Juden, denn „laut dem (Goren-)Passus im Übertrittszeugnis sei Frau Cohen nur im Lande Israel als Jüdin anzusehen“ (mit der „logischen“ Schlussfolgerung, dass auch ihre Kinder, sobald Frau Cohen ein Flugzeug besteigt, um ins Ausland zu fliegen, aufhören Juden zu sein, ein Zustand, der bis zur Rückkehr der Mutter anhält).

Außerdem – argumentierte der Oberrabbiner – „bewies doch Frau Cohen durch ihre verbotene Ehe mit einem Priesterabkömmling, dass sie die jüdischen Gesetze nicht ernst nehme“. Hier half kein Bitten und Flehen und auch kein Sturm der öffentlichen Entrüstung. Man war nicht bereit nachzugeben. Der Zugang zur Schule blieb den Cohen-Kindern verwehrt.

An dieser Stelle darf gefragt werden, ob hier im Sinne des Hillel (wie die Tradition es eigentlich vorschreibt) oder des überstrengen Schammai entschieden wurde. Denn bei einigem guten Willen hätte das Oberrabbinat in London leicht Argumente zugunsten von Frau Cohen finden können, so etwa:

1. Aus Respekt vor Proselyten: Jede Beleidigung und Herabsetzung eines Proselyten gilt im Judentum seit jeher als schwere Sünde, es darf nicht einmal auf die Vergangenheit des Proselyten angespielt werden (um ihn/sie nicht in Verlegenheit zu bringen). Wie hoch Proselyten im Judentum geschätzt wurden, zeigen u. a. auch die Worte des Rabbi Eleasar: „Der Heilige, gelobt sei er, hat Israel nur unter die Völker verbannt, damit ihnen Proselyten zugefügt werden, denn es heißt: Ich will sie mir in die Erde einsäen" (Talmud, Pessachim 87b).
2. Eine Konversion ist eine Konversion, es existiert keine halachische Grundlage, sie auf ein einziges Land zu beschränken. Dazu der ehemalige sephardische Oberrabbiner von Israel, Ben Zion Ouziel: „Es ist gestattet und sogar unsere Pflicht, Proselyten zu akzeptieren, selbst wenn wir wissen, dass sie nicht alle Mizwot einhalten werden" (Piskei Ouziel 65); „Selbst ein Heiratswunsch als Hauptmotiv der Konversion muss akzeptiert werden, denn es ist besser zu konvertieren, als die Familie – besonders die Kinder – der Vernichtung preiszugeben" (Piskei Ouziel 63a); „Eine Konversion kann nicht mehr rückgängig gemacht werden, selbst wenn die Konversion vor einem unpassenden Beit Din stattfand, und sogar nach einem Rückfall zum Götzendienst" (Piskei Ouziel 61).
3. Es existieren mehrere Beispiele aus Vergangenheit und Gegenwart, aus denen hervorgeht, dass die Heirat eines Cohen mit einer „Unwürdigen" von der Orthodoxie akzeptiert wurde.

Fasst man die absurden Vorgänge um die Konversion von Frau Cohen zusammen, so erkennt man, wie unglücklich, ja unmenschlich der Zugang mancher orthodoxer Kreise zum Problemkreis Konversion heute ist. Es zeigt sich, wie sehr diese negative Einstellung dem Gesamtinteresse des Judentums schadet und wie wenig Teile der heutigen Orthodoxie bereit sind, die großen Probleme der Gegenwart (und dazu gehören nun einmal die interkonfessionellen Ehen mit vielen Übertrittswilligen) vernünftig zu lösen und so zur Einheit im Judentum (im Sinne von Klal Israel) beizutragen.
Diese feindselig-unfreundliche Behandlung von Menschen, die zum Judentum übertreten wollen, ist sehr deutlich gegen altehrwürdige Traditionen im Judentum gerichtet. Obwohl das Judentum keine ak-

tiv missionierende Religion ist (gewaltsame Konversionen zum Judentum gab es nur unter König Hyrkan), sind im Laufe der Jahrtausende unzählige Menschen dem Judentum beigetreten, so u. a. Ruth, die Ahnfrau von König David (zu ihrer Zeit gab es noch keine strengen Regeln für die Konversion, und selbst in talmudischen Zeiten waren es zuerst nur einige Minimalanforderungen).
Dass das Judentum – anders als das Christentum – keine missionierende Religion ist, hat nichts mit „Hochmut" zu tun, sondern liegt im Folgenden begründet: Erstens glaubten die Weisen, dass das Heil in einer zukünftigen Welt nicht von der Zugehörigkeit zu einer bestimmten Konfession abhängt, sondern einzig von der Einhaltung klar definierter ethischer Prinzipien (den so genannten noachidischen Regeln: Verbot von Götzendienst, Mord, Raub, Unzucht, Tierquälerei, Gotteslästerung und dem Gebot der Errichtung von Gerichtshöfen). Zweitens war es im Mittelalter (und teilweise bis in die Neuzeit) Christen und Moslems unter Androhung schwerster Strafen verboten, zum Judentum zu konvertieren. Trotzdem traten aber immer wieder einzelne Menschen, manchmal auch ganze Volksgruppen – wie einst die Chasaren – zum Judentum über, mit der Folge, dass heutzutage kein Jude ausschließen kann, einst nicht jüdische Vorfahren gehabt zu haben (genauso wie kein Christ wissen kann, ob nicht getaufte Juden seine Ahnen waren).
Angesichts der restriktiven Haltung der Orthodoxen wundert es nicht, dass heute weltweit – in Israel ist das anders – die große Mehrzahl aller Übertritte zum Judentum durch nicht orthodoxe Rabbiner erfolgt. Solche Konversionen sind – anders als die Orthodoxie behauptet – keineswegs „Übertritte im Schnellverfahren", sondern Konversionen im Sinne der Halacha.
Vor jeder Konversion wird der/die Übertrittswillige darauf geprüft, wie ernsthaft der Konversionswunsch wirklich ist (denn der Übertritt zum Judentum kann auch heute noch mit Leiden verbunden sein, wie u. a. die Ausgrenzung des Proselyten durch seine eigene Familie). Im Vorgespräch wird auch der Wissensstand des Kandidaten geprüft, denn gute Kenntnisse über das Judentum sind Grundvoraussetzung eines jeden Übertrittes. Hat der Rabbiner den Eindruck, dass der/die Übertrittswillige bereit ist, sich mit dem Judentum zu identifizieren und die Regeln der jüdischen Religion zu

respektieren, wird die Empfehlung ausgesprochen, regelmäßig an Gottesdiensten und am Gemeindeleben teilzunehmen und – vor allem – ernsthaft zu lernen. In der Regel wird eine Studienzeit von mindestens einem Jahr gefordert, erst dann erfolgt – vorausgesetzt, dass der Kandidat/die Kandidatin Ernsthaftigkeit bewiesen und das nötige theoretische und praktische Wissen erworben hat – der letzte entscheidende Schritt, die Konversion.

Für eine gültige Konversion bestehen folgende rituelle Grundvoraussetzungen:

1. Beschneidung, 2. Tevila, das Eintauchen in der Mikwe, dem rituellen Bad, und 3. Ablegung einer Prüfung vor einem Beit Din, einem Gremium aus drei Rabbinern.

Erst nach Absolvierung all dieser rituellen Vorschriften bekommt der Proselyt ein Zeugnis ausgehändigt, in dem bekräftigt wird, dass alle für die Konversion erforderlichen Voraussetzungen erfüllt sind; die Aufnahme in die jüdische Gemeinde ist somit vollzogen.

Wenn nun weltweit orthodoxe Rabbinate nicht orthodoxe Übertritte nicht anerkennen (und solche Proselyten in ihren Gemeinden nicht akzeptieren), dann geht es ihnen nur vordergründig um die Qualität des Übertrittes. Die entscheidende Frage ist eine andere, sie lautet: „Wer ist Rabbiner und wer darf Übertritte durchführen?“ In diesem Punkt gibt es für die Orthodoxie keine Kompromisse: In ihrer Sicht sind „lediglich orthodoxe Rabbiner berechtigt, Konversionen durchzuführen“.

Während der innerjüdische Konflikt bezüglich der Frage der Übertritte außerhalb Israels naturgemäß etwas weniger brisant verläuft, sind die Folgen in Israel, wo es keine Trennung zwischen Staat und Religion gibt und die Orthodoxie alle Statusfragen in ihrem Sinne entscheidet, für viele Menschen katastrophal. Damit können und wollen liberal denkende Juden sich nicht abfinden; denn wer bedenkt, dass viele dieser Einwanderer ins Land kamen, weil sie in ihren Heimatländern von Antisemiten als Juden verfolgt wurden und in Israel auf ein menschenwürdiges Leben hofften, erkennt, wie weltfremd und menschenverachtend die religiösen Autoritäten des Staates Israel agieren und wie sehr sie dem Gesamtinteresse des Judentums schaden.

9.2 Wer ist Jude in Israel?

Laut Rückkehrgesetz (1950/1970) ist Jude, wer Sohn oder Tochter einer jüdischen Mutter oder ein Konvertierter ist und nicht einer anderen Religion angehört. In der Regel wird diese Definition von den jüdischen Gemeinden im Ausland akzeptiert. Die Rechte eines Juden im Sinne des Rückkehrgesetzes (d. h. finanzielle Begünstigungen und die Möglichkeit, sofort nach der Einwanderung die Staatsbürgerschaft anzunehmen) werden auch den Ehepartnern, Kindern und Enkelkindern eines Juden gewährt.

Seit den sechziger Jahren bekämpfen die ultraorthodoxen Parteien diese zionistisch-säkulare Haltung und versuchen die Tore des Landes zuzusperren oder wenigstens das Leben im Lande denen zu vergällen, die nach der Halacha nicht als Juden gelten. Als die ersten dunkelhäutigen „Söhne Israels" aus Indien in Israel ankamen, weigerte sich das Rabbinat, diese als Juden anzuerkennen und gab sogar den Beamten des Innenministeriums (der Innenminister war fast immer orthodox) die Anweisung, sie nicht als Juden zu registrieren. Doch diese Einwanderer erhielten vom damaligen Regierungschef Levi Eschkol unerwartete Hilfe. Die Zeitungen liebten es, ihn als einen Zauderer und Stotterer darzustellen, doch in dieser prinzipiellen Frage hat er nicht gestottert, im Gegenteil, Eschkol war der letzte Ministerpräsident, der nicht vor einem frontalen Zusammenstoß mit dem Oberrabbinat und den religiösen Parteien zurückgeschreckt ist. Er erklärte in der Knesset: „Wir hoffen und erwarten eine große Einwanderung, die viele jüdische Gemeinden aus den verschiedenen Weltteilen herbringen wird; darunter gibt es solche, die ihr Leben anders organisiert haben, als es bei uns üblich ist; doch ihre Einwanderung und Integration sind für den Staat lebensnotwendig; das Rabbinat muss das wichtigste Gebot unserer Generation beachten und es dem Volk ermöglichen, sein Leben zu führen und die Verstreuten einzusammeln."

Das sind scharfe Worte, die heute noch Gültigkeit haben. Es ist nur schade, dass es anscheinend niemanden gibt, der dies heute sagen würde. Übrigens hat die energische Haltung Eschkols eine Wirkung gehabt: „Israels Söhne" aus Indien wurden als Juden in allen Bedeutungen des Wortes anerkannt. Die Kontroverse über die Konversion explodierte 1987, als „The Israel Religious Action Center" (IRAC), die israelische Bewegung für einen progressiven Judaismus, eine Petition beim Obersten Gericht einreichte und dieses entschied, dass die Frage, wer ein Jude im Sinn des Rückkehrgesetzes sei, nicht nach der Halacha, sondern nach nationalen säkularen Kriterien zu klären sei. Das Gericht entschied, dass diejenigen, die im Ausland in irgendeiner jüdischen Gemeinde zum Judentum konvertiert hatten, im Sinne des Rückkehrgesetzes als Juden gelten und als solche zu registrieren sind. 1995 hat das Oberste Gericht diese Entscheidung erneut bestätigt und sie auch auf nicht orthodoxe Konversionen in Israel angewandt. Der damalige Vorsitzende des Gerichtsgremiums, Meir Shamgar, betonte den Zusammenhang zwischen Ablehnung der Autorität des Oberrabbinats in dieser Sache und den Prinzipien der Religionsfreiheit, des Gewissens und der Gleichheit, denen der Vorzug gegeben wurde. Als Reaktion auf diese Entscheidung schlug das orthodoxe politische Establishment im März 1997 ein neues Konversionsgesetz vor, das jede staatliche Anerkennung einer nicht orthodoxen Konversion in Israel verbieten würde. Dieses Gesetz sah vor:

a) „Jede Konversion in Israel wird nach ‚Din Thora', d. h. von einem orthodoxen Rabbinatsgericht durchgeführt.
b) Es wird keine in Israel durchgeführte Konversion anerkannt, wenn sie nicht vom Präsidenten des großen Rabbinatsgerichts als nach Absatz a durchgeführt bestätigt wird."

Konversionen, bei denen das israelische Innenministerium bzw. das orthodoxe Establishment Schwierigkeiten machen:

1. *Die Konversion von adoptierten Kindern.* Die Anforderungen verlangen eine dramatische Änderung des Lebenswandels der Familie und die Einhaltung von orthodoxen Normen auf allen wichtigen Gebieten des täglichen Lebens (koscheres Essen, Besuch des rituellen Bads und strikte Beachtung des Schabbats), wie sie von der überwiegenden Mehrheit der jüdischen Bevölkerung nicht praktiziert werden.
2. *Konversion in Israel.* Wie schon erwähnt, sind viele Einwanderer nicht jüdisch. Da das Innenministerium nur orthodoxe Konversionen anerkennt und die Registrierung als Jude für Einwanderer wichtig ist, haben sie keine Alternative zur orthodoxen Konversion. Doch auch das ist problematisch. Am 3. Juni 1998 berichtete

die „Jerusalem Post“ von 200 Absolventen orthodoxer Konversionsinstitute, die bereits seit langer Zeit auf die Bestätigung ihrer Konversion warten und denen das Oberrabbinat keine überzeugenden Gründe für den Aufschub geben konnte. In einigen Fällen hat das orthodoxe Rabbinat als Bedingung für die Konversion die Forderung erhoben, dass die Kandidaten ihren Wohnort in einem Kibbuz oder Moschav (landwirtschaftliche Siedlung) aufgeben und in eine religiöse Ortschaft umziehen.
Es gab auch Fälle, in denen Rabbinatsgerichte die Konversion rückwirkend annullierten, nachdem sie entdeckten, dass der versprochene orthodoxe Lebensstil nicht mehr eingehalten wurde. Beispielsweise wurde eine Frau als Minderjährige konvertiert. Viele Jahre später, während ihrer Scheidungsverhandlung im Rabbinatsgericht, gestand die Frau, dass sie die orthodoxen Normen des Lebensstils nicht einhalte. Daraufhin wurde ihre Konversion mit der Begründung annulliert, sie habe diese nur erreicht, weil sie versprochen habe, ein Leben nach orthodoxen Normen zu führen.

3. *Konversion im Ausland.* Ausländer, die im Ausland konvertiert wurden, nachdem sie in Israel für ihre Konversion studiert hatten, wurden in der Vergangenheit als Juden registriert und erhielten ihre Rechte entsprechend dem Rückkehrgesetz. Heute verweigert ihnen der Staat die Staatsbürgerschaft. Das Innenministerium hat noch zusätzliche Bedingungen für die Anerkennung gestellt. Der Kandidat für eine Konversion muss an seinem Wohnort konvertieren und für eine längere Periode Mitglied der jüdischen Gemeinde sein, bevor er nach Israel einwandert. Als Resultat dieser neuen Bestimmungen bleiben viele Konvertierte ohne einen legalen Status in Israel. Nach vielen Bemühungen, diesen Menschen zu helfen, erhalten sie wenigstens eine Arbeitserlaubnis, doch diese unhaltbare Situation bedeutet für die Betroffenen, keine Gesundheitsfürsorge und keine Sozialleistungen wie Arbeitslosenunterstützung etc. zu erhalten.

In der Bibel und im Talmud wird unterschieden zwischen einem Land, in dem die Mehrheit jüdisch ist – in diesem sollte derjenige, der „bona fide“ (im guten Glauben) erklärt, Jude zu sein, als solcher akzeptiert werden –, und Ländern außerhalb Israels, in denen Juden

eine Minderheit sind – dort sollten die jüdischen Gemeinden denjenigen prüfen, der beitreten will. Wenn also jemand nach Israel einwandert und erklärt, Jude zu sein, müsste er sogar nach der Halacha als solcher anerkannt werden, vorausgesetzt, seine Erklärung erfolgt „bona fide" und nicht wegen irgendeines materiellen Vorteils. Auch ein Sicherheitsrisiko muss ausgeschaltet sein.
Aber wie soll ein Staat, in dem die Einwanderung höchste Priorität genießt, mit Menschen verfahren, die sich mit dem Judentum und Israel identifizieren und dies durch ihre Taten beweisen, aber laut Gesetz keine Juden sind? Das gilt natürlich auch für die nicht jüdischen Ehepartner von Juden. Oft genug sind das Menschen, die während der nationalsozialistischen Herrschaft das Schicksal ihres jüdischen Ehepartners geteilt haben. Die in Israel geltende gesetzliche Definition eines Juden ist also problematisch.
Jude wird man durch Geburt oder Konversion. Wer durch Geburt Jude ist, kann die Religion als Atheist oder Agnostiker ablehnen, trotzdem bleibt er Jude, das bestimmt die Halacha, die nicht zwischen Religion und Zugehörigkeit zum Volk unterscheidet. Immer mehr Personen wollen in Israel Juden werden und trotzdem der säkularen Mehrheit angehören. Sie möchten, um nicht unehrlich zu sein, nicht das Versprechen abgeben müssen, nach den religiösen Ge- und Verboten zu leben. Ethisch sollten doch die Aufrichtigen bevorzugt werden. Die israelische Wirklichkeit zwingt aber viele Menschen zu Heuchelei und Lüge, denn sie können nur dann Juden werden, wenn sie orthodox konvertieren.
Aber es kommt noch schlimmer: Wenn der Sohn einer Jüdin und eines Arabers sich als Araber bekennt, einer terroristischen Organisation beitritt, die den Staat Israel liquidieren will und Attentate begeht, dann bleibt er nach der Halacha Jude. Wenn hingegen ein Sohn einer Nichtjüdin und eines Juden nicht orthodox konvertiert und nicht bereit ist, einen orthodoxen Lebensstil zu akzeptieren, dann kann er in Israel keine Jüdin heiraten, und wenn er schon im Ausland geheiratet hat, können seine Kinder nicht als Juden registriert werden. Diese diskriminierenden Bestimmungen eines Einwanderungslandes sind absurd.
In Israel erlaubt es sich das religiöse Establishment auch, den Sohn einer jüdischen Mutter zu diskriminieren, zum Beispiel Andre Ma-

lish, ein Soldat, dessen Personalausweis annulliert wurde, weil er Christ ist. Er hat sich Ende November 1998 an das Oberste Gericht gewandt, weil das Innenministerium ihn ausgebürgert hat. Weder hat der Soldat erfahren, was gegen ihn vorgebracht wurde, noch wurde er je angehört.

Malish ist Sohn einer jüdischen Mutter und eines christlichen Vaters. Die Familie wanderte 1994 aus der Ukraine ein und erhielt noch am Flughafen Einwandererausweise. In den Formularen, die er drei Monate später ausfüllte, gab Malish an, Christ zu sein. Zweieinhalb Jahre lebte er in Israel ohne Personalausweis. Malish meldete sich 1996 zum Militär und wurde in einer Eliteeinheit ausgebildet. Als er sich an das Innenministerium wandte mit der Bitte, seine Einbürgerung zu beschleunigen, wurde ihm mitgeteilt, dass er die israelische Staatsbürgerschaft nicht verliehen bekomme, weil er Christ sei. Dass dies gegen die israelische Unabhängigkeitserklärung und die Menschenrechte verstößt, störte den damaligen orthodoxen Innenminister nicht.

Nachzuforschen, ob jemand eine jüdische Mutter oder Großmutter gehabt hat oder ob der Rabbiner, der diese konvertierte, auch den „richtigen", weil orthodoxen Fähigkeitsnachweis hatte, ist eine unentschuldbare Verletzung der Menschenrechte.

Auch die Kampagnen gegen die „Mischehen" wecken unangenehme Erinnerungen. Die Mehrheit der außerhalb Israels lebenden Juden sehen die Halacha nicht als für ihr Leben bestimmend an, daher ist auch die israelische Definition, wer ein Jude ist, für sie in der Regel nicht relevant. Unter den Juden im Ausland sind Ehen zwischen Juden und Nichtjuden an der Tagesordnung, soweit die Juden nicht in islamischen Ländern leben.

Ende Juni 1997 ernannte Ministerpräsident Netanjahu unter dem Vorsitz des damaligen Finanzministers Neeman eine Kommission, welche alle Probleme einer Konversion in Israel untersuchen sollte. In dieser Kommission – deren Mitglieder einen für alle tragbaren Kompromiss erreichen sollten – waren alle Strömungen des religiösen Judentums vertreten. Doch das Oberrabbinat befürchtete Angriffe der noch orthodoxeren Gruppen und entschied, dass Konversionen in Israel lediglich nach der orthodoxen Methode vorgenommen werden und dass diese Entscheidung als Gesetz beschlossen werden müsse. In ihrer Erklärung beschuldigten sie die nicht orthodoxen Strömungen, sie versuchten „die Grundlagen der jüdischen Religion zu ruinieren und so das Volk Israels zu spalten“. Weiters wurde erklärt, dass sich „die Weisen Israels jede Kooperation mit ihnen verbaten ... es ist undenkbar, mit ihnen ein gemeinsames Konversionsinstitut zu schaffen“.

Am 13. November 1998 ging Oberrabbiner Lau noch einen Schritt weiter und bezweifelte die Gültigkeit der Konversionen außerhalb Israels. Die nationalreligiöse Tageszeitung „Hatzofeh“ berichtete, dass der aschkenasische Oberrabbiner Lau in einer Zusammenkunft mit Erziehern gesagt habe: „Genauso wie ein erfahrener Facharzt, der aus den Vereinigten Staaten, oder ein berühmter Rechtsanwalt, der aus Europa kommt, seine Legitimation und Zeugnisse in Israel vorlegen muss, genauso muss jeder Jude, der außerhalb Israels konvertiert wurde, hier nach der Halacha und unter der Aufsicht des Oberrabbinats überprüft werden.“

Da das Oberrabbinat die Vorschläge der Neeman-Kommission entschieden ablehnte, wurden diese – wie in der Kommission vereinbart – nicht angenommen.

Seit September 1997 ist das Innenministerium dazu übergegangen, nicht jüdische Ehepartner von jüdischen israelischen Staatsbürgern, die um die Verleihung der israelischen Staatsbürgerschaft im Sinne des Rückkehrgesetzes angesucht haben, aus dem Land zu weisen. Das Rückkehrgesetz garantiert die israelische Staatsbürgerschaft auch der Ehefrau und den Familienangehörigen eines jüdischen israelischen Staatsbürgers. Das Ministerium behauptete, dass es das Recht habe, nicht jüdische Ehepartner auszuweisen, während es entscheidet, ob die fragliche Ehe nur eine Scheinehe ist, d. h. eine Ehe, die nur zum Zweck der Erreichung der Staatsbürgerschaft für den nicht jüdischen Partner geschlossen wurde. IRAC vertrat eine Anzahl von Ehepaaren in dieser Sache vor dem Obersten Gerichtshof. In einigen Fällen haben diese Ehepaare ein kleines Kind, trotzdem erklärte das Innenministerium, dass die Ehe eine Scheinehe ist, und rechtfertigte damit die Politik der Ausweisungen.

Die Praxis des israelischen Innenministeriums (geleitet von einem ultraorthodoxen Rabbiner), ausländische Ehepartner von Israelis abzuschieben, bis geklärt ist, ob die Ehe „echt“ oder fiktiv ist, wurde

am 4. Mai 1999 durch ein Urteil des Obersten Gerichts für rechtswidrig erklärt. Die Richter kritisierten das Verhalten des Innenministeriums scharf, dieses sei „eine Verletzung der Würde der Ehepaare und der Einheit der Familie sowie eine Trennung von Liebenden", und stellten u. a. fest, diese Politik der Ausweisung sei „nicht zu vereinbaren mit dem Grundgedanken des demokratischen Systems, die Rechte des Bürgers zu wahren".
Gleichzeitig bekräftigte das Gericht aber, dass für ausländische Nichtjuden, die mit israelischen Juden verheiratet sind, das „Rückkehrgesetz" nicht gelte. Damit entsteht eine kuriose Rechtslage: Ein Nichtjude, der mit einem ausländischen Juden verheiratet ist, kann mit diesem aufgrund des „Rückkehrgesetzes" nach Israel einwandern – doch ein Nichtjude mit israelischem Ehepartner bleibt „ausgesperrt".
Obwohl laut Beschluss des Obersten Gerichts das Innenministerium nicht berechtigt ist, eine in Israel durchgeführte nicht orthodoxe Konversion abzulehnen, geschieht dies. Innenminister Suissa akzeptierte zwar, dass jede jüdische Gemeinde im Ausland das Recht hat, nach eigenem Gutdünken zu konvertieren. Aber er behauptet, in Israel existiere nur eine Gemeinde, die vom Oberrabbinat geführt wird. Deswegen, meint er, gibt es keinen Grund, nicht orthodoxe Konversionen, die in Israel durchgeführt wurden, zu akzeptieren. Juden haben in der ganzen Welt die Möglichkeit, ihre religiöse Ausrichtung selbst zu wählen, nur in Israel besteht ein staatlicher Zwang, die Autorität eines anachronistischen religiösen Establishments zu akzeptieren.

9.3 „Wer sich als Jude sieht und fühlt, wird Jude sein"

Gespräch mit der konservativen *Rabbinerin Einat Ramon* in Jerusalem am 20. 4. 1999.

Warum lehnt das orthodoxe Establishment nicht nur die Reform, sondern auch die konservative Strömung ab, die sehr viele Traditionen bewahrt?

Ich sehe das als ein Problem des Verhältnisses Tradition – Moderne in der jüdischen Welt. Wer versteht, wie die jüdische Orthodoxie entstanden ist, der versteht, dass sie auch die Konservativen, deren Rabbiner und Gemeinden den Schabbat und die Kaschrut einhalten, nicht anerkennt, denn die orthodoxe Welt befindet sich in einer derartigen Verteidigungsposition gegenüber der Moderne, dass schon jedes Komma und jede Kleinigkeit, die man in der Halacha ändert, auch dann nicht akzeptiert wird, wenn das laut Halacha möglich wäre. Seit ihrer Entstehung im 19. Jahrhundert hat die Orthodoxie jede Änderung einer Tradition – auch wenn diese zu 100 Prozent auf dem Talmud gründet – als Assimilation aufgefasst.
Deswegen unterscheidet die Orthodoxie nicht zwischen Reform und Konservativen, obwohl viele Konservative glauben möchten, dass man sie akzeptieren könnte, weil ihre Lebensform sehr viele Traditionen bewahrt. Und das orthodoxe Establishment sagt das auch manchmal, um zu teilen und zu herrschen. Ihre Haltung basiert auf einer klaren und folgerichtigen Theologie. Alles, was von ihrer Autorität ideologisch abweicht, wird abgelehnt. Wenn aber die orientalischen Traditionalisten abweichen, die nicht alle Gebote streng befolgen, dies aber nicht ideologisch (säkular oder religiös) motivieren, die Entscheidungen der Rabbiner akzeptieren, aber sagen, dass sie nicht die Kraft haben, alle Gebote und Verbote einzuhalten, dann wird das toleriert.

Und wie reagieren andere Menschen auf die Konservativen?

Konservative haben einen enormen Vorteil in der israelischen Öffentlichkeit. Sie haben die Möglichkeit – wegen der traditionellen, die Halacha einhaltenden Lebensform ihrer Führer – die breite Öffentlichkeit zu erreichen. In diesem Sinn gibt es einen Unterschied zwischen Konservativen und Reform.

Was unterscheidet die Nationalreligiösen von den Haredim?

Die National-Religiöse Partei (NRP) genießt im Land großen Respekt, weil ihre Leute zur Armee gehen und weil sie von sich behaupten, modern orthodox zu sein. In den USA gibt es eine moderne Orthodoxie, die sich mit den Ideen der Reform auseinander setzt. In Israel jedoch hat die NRP den Nationalismus adaptiert und lebt deswegen weniger im Antagonismus mit der israelischen Gesellschaft, obwohl sie in letzter Zeit immer orthodoxer wird.

Sie werden immer mehr zu nationalen Haredim?

In einer gewissen Weise ja, denn nach ihrer Weltanschauung muss der Staat den Weg bereiten zu einer Theokratie, die entstehen soll. Und das ist in meinen Augen schlimmer als die Haltung der extremen antizionistischen Haredim, die sagen, der Staat ist säkular und daher unrein, und wir haben kein Interesse daran. Sie dienen nicht in der Armee, nehmen aber auch kein Geld vom Staat und leben ihr eigenes Leben. Schädlich ist die Haltung der Nationalreligiösen, die im Staat ein Mittel sehen, um die Theokratie zur Macht zu bringen. Sie sind nicht bereit, das religiöse Establishment vom Staat zu trennen, und deswegen sind sie ja viel fanatischer als die Haredim. Die Haredim haben gelernt, in zynischer Weise den Staat finanziell zu erpressen und auszubeuten. Aber die NRP sieht in der Existenz eines Oberrabbinats ein Machtinstrument zur Herrschaft über die säkulare Einwohnerschaft und einen theologischen Wert an sich. Dieser Standpunkt der NRP ist schlimmer, denn er gibt den Menschen weniger Raum, nach ihrer Weltanschauung zu leben.

Wer trägt die Verantwortung für das Erstarken des orthodoxen Einflusses?

Für den geringen Fortschritt im Verhältnis Staat und Religion ist hauptsächlich die säkulare Gesellschaft verantwortlich. Das ist die Schuld der säkularen Parteien, es waren die Arbeitspartei mit ihrem heiligen oder unheiligen Bündnis mit der NRP und der Likud mit seinem Bündnis mit den Haredim und der NRP, die Verantwortung dafür tragen. Die orthodoxen Politiker machen ihre Hausaufgaben. Wer das nicht tut, sind die säkularen Politiker.

Warum ist Israel der einzige Staat der Welt, wo Fundamentalisten von nicht fundamentalistischen Bürgern finanziert werden?

Tatsächlich werden die Fundamentalisten in den moslemischen Staaten in der Regel nicht von den Regierungen finanziert, einige dieser Staaten bekämpfen sie entschieden. Wie es dazu kam, dass die Fundamentalisten hier von Menschen finanziert werden, deren Interesse es doch ist, diese zurückzudrängen? Sie benützen ihre Machtpositionen, die man ihnen aufgrund der ottomanischen Gesetze [vor 1918 wurde Palästina von Türken verwaltet] gab und die nicht geändert worden sind. Man muss aber auch über die Psychologie des jüdischen Volkes sprechen.

Haben die säkularen Juden Minderwertigkeitskomplexe gegenüber den Haredim?

Ja. Ich denke, bei Juden gibt es zwei Gründe dafür:

1. Das nationale Element im Judentum.
2. Die Angst vor einer religiösen Reform, vor der wir stehen.

Es war für uns bequem, als wir eine Minderheit waren, insbesondere im Westen, wo die Amerikaner, die Engländer, die Franzosen, die Deutschen usw. für uns die Gesetze des Staates bestimmten. Hier in Israel stehen wir vor einer anderen Situation, wir sind die Hausherren und müssen entscheiden, wie das Verhältnis zwischen Staat und Religion sein soll. Deswegen ist die Auseinandersetzung ja auch viel schärfer, denn es gibt niemanden, der sie uns abnimmt.

Das Gefühl, zum jüdischen Volk zu gehören, ist derartig stark, dass ein leider notwendiger Kulturkampf vermieden wird. Leute wie Schimon Peres und andere säkulare Politiker, die in einer europäischen Kultur erzogen worden sind, wagen es nicht, dem Extremismus der Orthodoxie eine klare Grenze zu setzen.

Die Konservativen und die Anhänger der Reform sind wie ein Gärungserreger, denn für uns ist das Judentum wichtig genug, um dafür zu kämpfen. Deswegen rufen wir das Oberste Gericht an, um klare Verhältnisse zu schaffen. Die säkulare Mehrheit sieht, wegen dieses nationalen Standpunktes, mehr Gemeinsamkeit mit den Haredim als mit der säkularen liberalen Welt.

Wir leben in einem mehrheitlich moslemischen Weltteil, der uns nicht sehr liebt. Der Kampf mit der Außenwelt verhindert die Sensitivität für dieses Problem. Die Menschen erleben den Universalismus – der Teil einer religiös-liberalen Auffassung ist – nicht im Alltag, dass man jedem Menschen Sympathie entgegenbringen soll, nur weil er ein Mensch ist. Sie leben aber in Schicksalsgemeinschaft mit Menschen, mit denen sie eine tiefe Auseinandersetzung haben, wie den Haredim. Nun kann man auch einwenden, dass die säkularen Politiker wegen des Friedensprozesses auf diese Kreise angewiesen sind. Doch das Problem hat auch noch eine psychologische Seite. Politiker der Arbeitspartei und des Likud erkennen nicht an, dass ein Israeli das Recht haben muss, die Religion nach seiner Art auszuüben. Sie fühlen sich psychologisch mit den Haredim verbunden. Möglicherweise hat das auch mit der Schoa zu tun, die eine kollektive Erinnerung fördert. Man sieht den Haredi als Prototyp des authentischen Juden. Ich werde doch keinen Haredi ärgern, mein Vater oder Großvater war doch auch orthodox. Kein Mensch denkt heute daran, dass die meisten Juden in Warschau, Wilna und Odessa säkularisiert waren. Hätte man in der Schoa diese jüdischen Zentren nicht vernichtet, so könnte man sie heute nicht – hauptsächlich außerhalb Israels – derartig idealisieren. Diese Idealisierung ist auch ein Grund, warum wir von den nicht orthodoxen beziehungsweise assimilierten Juden im Ausland nicht genug Unterstützung erhalten.

Gibt es auch in Israel eine Art Ignoranz gegenüber den Forderungen von liberalen Juden?

Was das Verhältnis Religion und Staat anlangt, kann von einer fast allgemeinen Ignoranz der Öffentlichkeit gesprochen werden. Wenn ein liberaler Jude die Trennung der Religion vom Staat fordert, antwortet sofort ein Nationalreligiöser: Wofür haben wir dann einen jüdischen Staat errichtet? Man muss konkreter werden und sagen: Wir brauchen ein bürgerliches Zivilstandsgesetz, damit der Staat sich nicht in das Privatleben der Bürger und die internen Angelegenheiten der religiösen Gemeinschaften einmischt. Israel wird seine kulturell jüdische Identität nicht verlieren, wenn es hier eine Zivilehe gibt, im Gegenteil, es wird noch davon profitieren. Man darf sich bei diesen Forderungen nicht von allerlei orthodoxer Demagogie ablenken lassen. Sie sagen ja auch, würde man diese Änderungen einführen, so würde der Staat seinen jüdischen Charakter verlieren. Doch alle Staaten, in denen die Religion vom Staat getrennt ist und in denen die Zivilehe möglich ist, haben doch ihren nationalen und religiösen Charakter behalten, zum Beispiel ist Italien trotz Zivilehe ein katholisches Land geblieben.

Die Orthodoxen geben an, eine Zivilehe würde die Nation spalten. Doch Nationalität wird anders definiert. Es gibt in fast jeder Nation Gruppen, die untereinander nicht heiraten. Heiraten französische Bauern die Töchter des französischen Adels? In der Regel wohl kaum, und doch sind sowohl die Adligen als auch die Bauern Franzosen und es gibt eine französische Nation. Übrigens genügen den Orthodoxen schon heute die säkularen Abstammungsnachweise nicht. Sie schauen sehr auf die richtige Abstammung. Doch wer sich als Jude sieht und fühlt, wird Jude sein.

10. Bruderzwist in der Diaspora

Der Wert der Religion ist für mich die Fähigkeit, sich in die Haut des anderen zu versetzen, sich mit ihm zu freuen und mit ihm zu leiden.
Albert Einstein

Die meisten aktuellen innerjüdischen Konflikte in der Diaspora (in den Ländern „der Zerstreuung", außerhalb von Israel) sind direkte Folgen der europäisch-jüdischen Emanzipation und als solche auf Ereignisse zurückgehend, die vor rund 200 Jahren ihren Lauf nahmen und als Kulturkampf begannen (siehe Kapitel „Reformen im Spiegel der Zeit"). Grundsätzlich unterscheiden sie sich nicht wesentlich von den von uns beschriebenen Konflikten in Israel, sind aber, bedingt durch völlig andere Voraussetzungen (Juden als Minderheiten in den Ländern der Diaspora, in denen – anders als in Israel – eine Trennung von Staat und Religion eine Selbstverständlichkeit ist), für Außenstehende weniger sichtbar, subtiler und vor allem gewaltfrei.

Die meisten aktuellen innerjüdischen Konflikte hängen auch mit politischen und religiösen Entwicklungen in Israel eng zusammen, wie der Fall der Frau Cohen und deren Kinder (siehe Seite 79 f.) zeigt. Anders als in Israel sind aber säkulare Juden der Diaspora (heute eine große Mehrheit in sämtlichen „orthodoxen Einheitsgemeinden") von den direkten Folgen der religiös motivierten Konflikte nur selten betroffen, weil Statusfragen und Personenstandsangelegenheiten in Verbindung mit Konversion, Eheschließungen und Scheidungen in demokratischen Ländern mit einer Trennung von Staat und Religion für sie kaum von Bedeutung sind. Grundlage vieler aktueller weltweiter Konflikte und Differenzen im Judentum ist die – einseitige – Delegitimierung des konservativen und progressiven Judentums durch die in Europa so einflussreiche Orthodoxie, die weder nicht orthodoxe Rabbiner/Rabbinerinnen noch ihre rabbinischen Institutionen und Handlungen bzw. ihre Repräsentanten anerkennt.

Die direkten Folgen dieser Delegitimierung sind vielfältiger Natur. So kommt es, dass jüdische Einheitsgemeinden (die es nur in den deutschsprachigen Ländern gibt und die dazu verpflichtet wären, alle ihre Mitglieder nach dem Gleichheitsprinzip zu behandeln und zu repräsentieren) ihren Aufgaben nicht nachkommen. In den meisten derartigen „Einheitsgemeinden" werden nicht orthodoxe (religiöse) Juden ausgegrenzt und diskriminiert. Sie werden nicht selten offen angefeindet und erhalten keine eigenen Räume oder Gelder, um ihre Gottesdienste abzuhalten. Mit Ausnahme von Berlin und Oldenburg hat bisher auch keine einzige „Einheitsgemeinde" einen nicht orthodoxen Rabbiner, geschweige denn eine Rabbinerin angestellt. In Städten mit einer derart übermächtigen, staatlich anerkannten „Einheitsgemeinde" ist es für nicht orthodoxe Juden oft sehr schwierig, ihren religiösen Bedürfnissen nachzukommen.

Noch schlimmer trifft es aber Konvertiten, die progressiv oder konservativ, aber nicht orthodox zum Judentum übertraten. Da sie in „Einheitsgemeinden" nicht Mitglieder werden können und ihre Kinder nicht gemeindeeigene Schulen besuchen können, bleiben sie, dort, wo es keine nicht orthodoxen Gemeinden gibt, sich selbst überlassen. Auch wenn es keine konkreten Zahlen betreffend Konversionen in Europa gibt, so kann doch festgestellt werden, dass die große Mehrzahl der heutigen Konversionen nicht orthodox erfolgt, was zur Folge hat, dass immer mehr Menschen, die sich selbst als Juden verstehen, von orthodoxen Gemeinden nicht als solche anerkannt werden.

Besonders tragisch ist die Geschichte eines meiner Kölner Bekannten, dessen Frau vor vielen Jahren in einer Reformsynagoge zum Judentum konvertierte und die jetzt – im Sterben liegend – aus diesem Grund keinen Platz am Kölner jüdischen Friedhof erhielt (eine Geschichte, die mir der Ehemann unter Tränen berichtete).

Ähnliches spielt sich in Deutschland auch auf höherer Ebene ab, wo der Zentralrat der Juden und die Zentralwohlfahrtsstelle der Juden den liberalen jüdischen Gemeinden systematisch den Zugang zu Leistungen und Programmen verwehren, auch wenn diese durch Mittel gedeckt werden, die von deutschen Regierungsstellen und internationalen Organisationen dem Zentralrat und der Zentralwohlfahrtsstelle für *alle* jüdischen Gemeinden in Deutschland zur Verfügung gestellt werden. Bemerkenswert ist auch die Tatsache, dass die deutsche Rabbinerkonferenz bis heute die einzige (konservative)

Rabbinerin in Deutschland – Bea Wyler (Oldenburg) – nicht als Mitglied akzeptiert, und der kürzlich verstorbene Präsident des Zentralrats der Juden – Ignatz Bubis – öffentlich erklärte, dass er „niemals einen Gottesdienst besuchen würde, den eine Frau leitet".
Ein weiteres unrühmliches Beispiel für die vergiftete Atmosphäre zwischen den beiden großen jüdischen Strömungen sind die Ereignisse um die Beerdigung von Rabbiner Hugo Gryn in London. Als Rabbiner Hugo Gryn – ein im In- und Ausland hochangesehener Theologe und Rabbiner der größten liberalen Gemeinde Englands – 1996 starb, lehnte es der britische Oberrabbiner Jonathan Sachs (der Titel Oberrabbiner hat allerdings nur für orthodoxe Juden eine Bedeutung) ab, am Begräbnis teilzunehmen. Nach heftiger öffentlicher Kritik an seinem Verhalten organisierte Rabbiner Sachs ein Treffen des „Board of Deputies", wo er Hugo Gryn „als Mensch" überschwänglich lobte, dabei aber das kleine Detail verschwieg, dass Hugo Gryn ein Rabbinerkollege war. Kurze Zeit später veröffentlichte der „Jewish Chronicle" einen (ihm zugespielten) Brief von Oberrabbiner Sachs an einen Bekannten, in dem er erklärte, dass er „nur aus politischen Gründen beim Treffen anwesend war" und dass er Rabbiner Gryn „als einen Zerstörer des Glaubens betrachte". Sich selbst bezeichnete er in diesem Brief als den „größten Feind des Reformjudentums".
Anders als in den Vereinigten Staaten, wo rund 80 Prozent aller jüdischen Gemeinden dem nicht orthodoxen Judentum angehören und Diskriminierungen von nicht orthodoxen Juden und Gemeinden daher kaum möglich sind, sind religiös motivierte Konflikte in Europa heute immer noch an der Tagesordnung. Man muss davon ausgehen, dass eine Wende zum Besseren erst dann erfolgen wird, wenn sich das Kräftegleichgewicht – ähnlich wie in den USA – zugunsten der nicht orthodoxen Gemeinden verschiebt, eine Entwicklung, die in Mitteleuropa noch Jahrzehnte brauchen wird.

11. Der Status der Frau und das Familienrecht im Judentum

Mit größter Sorgfalt und Eifer ehre die Frau; denn die Frau ist es, die den Segen Gottes ins Haus bringt.
Talmud, Jewamot 63

11.1 Benachteiligt oder bevorzugt?

Die Grundlagen der traditionellen jüdischen Sicht zur Stellung der Frau in Familie und Gesellschaft entspringen einer patriarchalischen Kultur biblischer und talmudischer Zeiten. Damals wurde die Frau – wie u. a. aus dem Mischna-Traktat Kidduschim 1.1 hervorgeht („die Frau wird erworben …") – als Eigentum ihres Ehemannes gesehen, deren vornehmste Pflicht es war Kinder zu gebären, sie zu erziehen, ihrem Mann beizustehen und ihn zu ergänzen.

Dass die Halacha Männer und Frauen verschieden einstuft – und auch behandelt –, wird von niemandem bestritten, inwieweit dieses Messen mit zweierlei Maß in der religiösen Gesetzgebung und Praxis berechtigt ist, darüber gehen allerdings die Meinungen in der jüdischen Welt stark auseinander. Befürworter der alten Praxis weisen darauf hin, dass der Respekt vor Frauen im Judentum immer sehr ausgeprägt war (und immer noch ist). Sie argumentieren, dass Frauen und Männer vor Gott zwar gleichwertig seien, Frauen aber dennoch – gottgegeben – sich mental und physisch stark von Männern unterscheiden bzw. in der Gesellschaft andere Aufgabenbereiche als Männer erfüllen und daher Gesetze notwendig wurden, die dem Schutz der Frau und ihrer Lebensqualität dienten. Es handelt sich – so sagen die Traditionalisten – aber nur um eine scheinbare Benachteiligung der Frau, denn im eigenen Heim sei die Ehefrau eine Königin, stets vom Gatten geachtet, umsorgt, behütet und sogar sexuell verwöhnt, mit vielen Privilegien ausgestattet, wie z. B. dem Recht, Schabbatkerzen anzuzünden, und sei dabei gleichzeitig von bestimmten – schwer einzuhaltenden, weil zeitgebundenen – religiö-

sen Mizwot (Pflichten), wie etwa dem Beten zu vorgeschriebenen Zeiten, dem Anlegen von Gebetsriemen, dem täglichen Besuch der Synagoge und dem Talmud-Thora-Studium, befreit.
Diese Argumentation sollte nicht belächelt werden, denn in der Tat war in biblischen und talmudischen Zeiten der Status der jüdischen Frau sehr viel besser als die Stellung ihrer nicht jüdischen Nachbarin. Während sich aber das einst so vorbildliche jüdische Gesetz zum Schutz der Frau seit dem 12. Jahrhundert nicht mehr weiter entwickelte (sich sogar stets verhärtete, weil aus „Befreiungen" Verbote wurden), änderte sich nach und nach die gesellschaftliche und rechtliche Stellung der Frau in der nicht jüdischen (westlichen) Welt ganz wesentlich, mit dem Ergebnis, dass heute die Diskriminierung von Frauen, zumindest in manchen Bereichen des traditionellen Judentums, stärker ist als in anderen Religionen. Das traditionalistische Argument der „Befreiung" erscheint schon deswegen unglaubwürdig, weil auch solche Frauen von religiösen Pflichten „befreit" werden, die nicht – oder nicht mehr – die Bürde einer kinderreichen Familie tragen müssen und selber den Wunsch hegen, sich aktiv am religiösen Leben zu beteiligen. Befürworter der alten Tradition verschweigen auch gerne die Tatsache, dass die Diskriminierung der Frau sich nicht nur auf religiöse, sondern auch auf soziale und familienrechtliche Bereiche erstreckt.
Bezeichnenderweise sind die meisten (der im Allgemeinen selbstsicheren und emanzipierten) jüdischen Frauen über ihren eigenen Status im jüdischen Gesetz wenig bis überhaupt nicht informiert (was außerhalb von Israel für sie auch kaum negative Konsequenzen hat). Nicht wenige von ihnen empfinden ihre Sonderstellung als nicht unangenehm und durchaus berechtigt. Es kann aber auch nicht übersehen werden, dass immer mehr (selbst orthodoxe) Frauen mit den bestehenden Zuständen nicht mehr einverstanden sind und ihre Stimme gegen sämtliche Diskriminierungen erheben.
Wo liegen nun die schlimmsten Benachteiligungen der Frau im (ultra-) orthodoxen Judentum? Es sind dies in erster Linie Fragen des religiösen und sozialen Status und des halachischen Ehe- und Scheidungsrechtes, welche sich nach Meinung vieler Juden mit den Menschenrechten bzw. der Würde der Frau nicht mehr in Einklang bringen lassen und die im Folgenden zur Sprache gebracht werden sollen.

Religiöser Status

Wie schon einleitend gesagt, wurden Frauen, aus einst lobenswerten Gründen, von bestimmten zeitgebundenen positiven Mizwot entbunden. Von den negativen Geboten („Du sollst nicht …") wurden sie allerdings nie befreit. Aus dieser ursprünglichen Befreiung wurde im Laufe der Jahrhunderte ein Verbot, das bis zum heutigen Tag in wesentlichen Punkten gültig ist.

Frauen werden nicht zum Minjan gezählt (die Mindestzahl von zehn Männern, die dem Gottesdienst den Charakter eines öffentlichen Gemeindegebetes verleiht), sie sitzen in orthodoxen Synagogen von den Männern getrennt (meistens in den hinteren Reihen, hinter einem Vorhang oder einer Wand versteckt oder auf einem Balkon), und sie werden auch nicht zur Lesung der Thora aufgerufen – entgegen der (theoretischen) Aussage im babylonischen Talmud (Traktat Megilla 23A) und der Ansicht von Rabbenu Yerucham.

Es ist auch nicht allgemein bekannt, dass laut „Schulchan Aruch" (Orach Chajim 88,1) selbst rituell „unreine Personen" das Schema-Gebet rezitieren dürfen (was Moses Isserles dazu bewog zu erklären, dass seiner Ansicht nach – und er beruft sich u. a. auf Raschi – „selbst menstruierende Frauen die Synagoge betreten und beten können, ja selbst die Thora berühren und den göttlichen Namen aussprechen dürfen").

Die „Befreiung" gilt weiters für die Kidduschzeremonie (Heiligung des Schabbat mit vorangehendem Segen über Brot und Wein) und die Rezitation des Kaddisch (Gebet der Trauernden, das u. a. nach dem Ableben der Eltern aufgesagt wird).

Auch eine der Bar-Mizwa-Zeremonie entsprechende Feier, die Bat-Mizwa, wurde Mädchen lange Zeit vorenthalten. Erst in den letzten Jahren wurden auch in einigen orthodoxen Gemeinden solche Feiern für Mädchen eingeführt.

Familien- und Eherecht

Als klar definierte Pflichten des Mannes, „der sich eine Frau nimmt", galten und gelten in einer Ehe: die Sorgepflicht für Frau und Kinder; die Ehefrau zu ehren, sie nie zu kränken oder zu schlagen; ihr treu zu bleiben und ihr Recht auf sexuelle Erfüllung zu gewährleisten. Ein Ehevertrag (Ketuba) garantiert der Frau – die aber den

Ehevertrag nicht unterschreiben darf – auch die finanzielle Sicherheit im Falle des Ablebens des Ehemannes und bei einer Scheidung. Trägt aber die Frau die Schuld an der Scheidung, dann kann sie die im Vertrag festgelegten finanziellen Rechte („als Strafe“) verlieren. Den für die Scheidung notwendigen Scheidungsbrief (Get) kann aber nur der Mann übergeben. In der Praxis gibt es immer wieder Fälle, in denen Männer – trotz Strafandrohung seitens der Rabbiner – die Get-Übergabe verweigern und stur bleiben, manchmal auch nur, um die Frau finanziell zu erpressen. Erfolgt nun in solch einer Situation lediglich eine zivilrechtliche Scheidung, dann kann nach der Trennung wohl der Mann wieder – wenn auch nur zivilrechtlich – heiraten und eine Familie gründen (diese Heirat wäre zwar gegen das religiöse Gesetz, aber für die Kinder aus seiner neuen Ehe ohne negative Konsequenzen); die Frau hingegen, die in einer neuen Verbindung lebt, sollte keine Kinder mehr bekommen, weil diese nach den religionsgesetzlichen Bestimmungen Bastarde (Mamserim) wären. Ein Mamser ist ein Kind aus einer inzestuösen oder ehebrecherischen Beziehung, dem es verboten ist jüdische Partner zu heiraten, ausgenommen Menschen, die ebenfalls Mamserim sind oder zum Judentum Übergetretene, wobei diese Bestimmung über „zehn Generationen“ gilt, was heißt, dass Kinder von Mamserim ebenfalls als solche gelten.

So wurde im Laufe der Zeit aus einem Gesetz, das ursprünglich zur Bekämpfung der Unmoral gedacht war, eine höchst unmoralische Bestimmung, die im völligen Gegensatz zu diversen biblischen Aussagen („Kinder sollen nicht für ihre Eltern und Eltern nicht wegen ihrer Kinder bestraft werden“ – 5 Mose 24, 16 – bzw. „Jeder Mensch ist für seine Vergehen verantwortlich, nicht für die Fehltritte anderer“ – Ezechiel 18, 20) steht. Aus diesem Grund, und auch weil es das Gebot der Gleichwertigkeit von Proselyten (Baba Metzia 4, 10) verletzt und unschuldige Menschen stigmatisiert, wird der Begriff „Mamser“ im nicht orthodoxen Judentum strikt abgelehnt.

Gleiches gilt für die verlassene Frau (Aguna), deren Ehemann verschwunden ist. Auch sie kann (mit Rücksicht auf zukünftige Kinder) nicht mehr heiraten, weil sie keinen Scheidungsbrief hat, selbst wenn das Verschwinden des Ehemannes schon Jahrzehnte zurückliegt. In einer ähnlichen Situation ist auch eine kinderlose Witwe, de-

ren Schwager sich weigert, die (demütigende) Zeremonie der Chaliza (die Auslösung von der Verpflichtung zur Schwagerehe aufgrund von 5 Mose 25, 5–9) auf sich zu nehmen; auch sie kann nicht mehr heiraten.
Eine weitere Benachteiligung für Frauen entsteht aus einem uralten Gesetz, das bestimmten Frauen verbietet, einen Cohen zu ehelichen. In alten Zeiten wurden Juden nach ihrer Abstammung in drei Gruppen eingeteilt: Priester, Leviten und Israeliten. Nach traditioneller Auffassung ist jeder Jude mit dem Nachnamen Cohen, Kohn, Katz ein Nachfahre der Familie Aarons und daher ein Nachkomme eines Priesters. Da es Priestern – deren Hauptfunktion im Tempel die Tieropferung war – verboten war, geschiedene Frauen, Proselytinnen und Prostituierte zu heiraten, gilt diese Bestimmung im orthodoxen Judentum auch heute noch, ein Verbot, das schon oft zu tragischen Situationen geführt hat. Das progressive Judentum stellt sich gegen diese Bestimmung, weil es seit bald 2000 Jahren im Judentum keine Priester mehr gibt und ein Abstammungsnachweis nach so langer Zeit nicht möglich ist (schon im 2. Jahrhundert n. d. Z. war ein Stammbaumnachweis nicht mehr möglich, und selbst Maimonides spricht von „vermeintlichen Priestern").

Weitere Konsequenzen der Benachteiligung

Infolge vieler heute unzeitgemäßer Traditionen spielen Frauen im religiösen Leben eine nur untergeordnete Rolle. Die Aufgabe der Frau beschränkt sich auf die Pflichten ihrer Familie gegenüber und einige zeremonielle Handlungen, wie das Anzünden der Schabbatkerzen. Außerdem hatten Frauen in einer von Männern dominierten Welt früher nie die Möglichkeit zu einem gründlichen Talmud-Thora-Studium, geschweige denn zur Ausbildung in geistlichen Berufen (in diesem Punkt gibt es seit einigen Jahren auch in der orthodoxen Welt langsam, aber sicher, ein Umdenken).
Die Tatsache, dass Frauen – ebenso wie Minderjährige – in Israel nicht direkt vor einem rabbinischen Gericht als Zeugen aussagen dürfen oder nicht Richterin werden können, ist in einem Jahrhundert, in dem eine Frau (Golda Meir) schon den Posten eines Ministerpräsidenten in Israel innehatte, für aufgeklärte Menschen unerträglich, selbst wenn es mancherorts einige Bestrebungen gibt,

dieses Gesetz zu umgehen, indem man z. B. die Versammlung vertagt, um die Aussage der Frau, die dann hereingerufen wird, später – wenn das Gericht wieder tagt – zu berücksichtigen.

Es blieb und bleibt daher dem nicht orthodoxen Judentum überlassen, unzeitgemäße, überholte, Frauen und Kinder diskriminierende Gesetze entweder zu ändern oder ganz außer Kraft zu setzen (indem z. B. ein nicht orthodoxes Beit Din, kraft seiner Autorität, wenn ein Mann die Übergabe eines Scheidungsbriefes an seine Frau verweigert, der betroffenen Frau ein Get aushändigt). Sowohl im konservativen als auch im progressiven Judentum ist die religiöse und soziale Gleichstellung der Frau längst erreicht. Die Separierung in der Synagoge wurde abgeschafft, Frauen nehmen gleichberechtigt am Gottesdienst teil und sie bekleiden, ohne jegliche Einschränkung, selbst höchste Ämter – bis hin zur Rabbinerin – im Rahmen der Gemeinde; auch im Ehe- und Scheidungsgesetz gilt die völlige Gleichberechtigung der Geschlechter.
Während die moderate Orthodoxie immer wieder, wenn auch ohne großen Erfolg, versucht, das Los vieler Frauen (besonders die der Agunot) in einigen kritischen Punkten zu verbessern, ohne dabei die völlige Gleichstellung der Frau auch nur zu erwägen, betrachtet die Ultraorthodoxie jede Veränderung des Status quo als Sakrileg.

11.2 Ehe- und Familienrecht in Israel

Heirat
Das israelische Gesetz sieht keine standesamtliche Ehe vor und nicht orthodoxen Rabbinern ist es verboten, eine Eheschließung durchzuführen.
Die orthodoxe Heiratszeremonie widerspricht der Gleichberechtigung der Frau, denn während der Bräutigam eine aktive Rolle spielt, darf die Braut nur schweigend zustimmen. Zusätzlich werden aufgrund der streng religiösen Auslegung der Ehegesetze zahlreiche Bürger diskriminiert. In folgenden Fällen haben Israelis kein Recht zu heiraten und eine Familie zu gründen:
1. Personen, die keiner Religion angehören. Es wird geschätzt, dass

von den 800.000 neuen Einwanderern aus der ehemaligen Sowjetunion (GUS) ungefähr 30 Prozent nach dem orthodoxen Standard – entsprechend den Quellen des Oberrabbinats und des Innenministeriums – nicht jüdisch sind. Sie kommen aus einer Gesellschaft, in der Jahrzehnte der Atheismus geherrscht hat, und die meisten gehören keiner Religion an. Die heutigen Einwanderer aus den GUS-Staaten (monatlich durchschnittlich 5000) sind zu 40–50 Prozent nach der Halacha keine Juden. Keiner dieser israelischen Staatsbürger kann in Israel heiraten.

2. Personen, deren religiöse Zugehörigkeit bestritten wird. In dieser Kategorie sind Juden, die im Ausland nicht orthodox übertraten. Sie werden von der Mehrheit der Juden der Welt und vom Rückkehrgesetz, das es mit wenigen Ausnahmen jedem Juden ermöglicht, nach Israel einzuwandern, als Juden anerkannt, jedoch nicht vom (staatlichen) Oberrabbinat.
   Ein besonderes Problem sind die Karäer, die – obwohl sie nur die Autorität der Bibel und nicht die der mündlichen Überlieferung anerkennen – vom religiösen Establishment doch als Juden anerkannt werden. Allerdings weichen die Ehegesetze der Karäer (ungefähr 20.000 Personen) von der Halacha ab. Das Oberrabbinat sieht in allen Karäern „Mamserim" oder mögliche Mamserim, denen nur gestattet wird, andere Mamserim oder zum Judentum konvertierte Personen zu heiraten. Die damit zusammenhängenden enormen rechtlichen Probleme können hier nicht geschildert werden. Der Oberste Gerichtshof hat auf die höchst problematische Situation bereits vor 23 Jahren aufmerksam gemacht.
3. Angehörige zweier verschiedener Religionen können in Israel nicht heiraten. Das ist auch so, wenn ein Partner einer in Israel anerkannten Religionsgemeinschaft angehört, der andere aber konfessionslos ist. Sehr oft wird der Partner gezwungen, die Religion des anderen anzunehmen, um heiraten zu können. Auch das verletzt das Recht auf Religions- und Gewissensfreiheit.
4. Personen, die laut den Vorschriften ihrer religiösen Gemeinschaft nicht heiraten können – manchmal überhaupt nicht und manchmal nicht die gewünschte Person, zum Beispiel, wie weiter oben beschrieben, jene, die den Namen Cohen tragen.
   Bereits vor 30 Jahren stellte ein Richter des Obersten Gerichtes

fest, dass dieses Verbot nicht nur Gewissenszwang, sondern auch religiöse Diskriminierung ist.

Deswegen wächst die Anzahl der Israelis, die überhaupt nicht heiraten oder eine vom Staat nicht anerkannte Zivilehe eingehen. Die offiziellen Statistiken zeigen, dass die Anzahl der Juden, welche die Dienste orthodoxer Rabbiner in Anspruch nehmen, ständig sinkt. Zwischen 1975 und 1996 ist die Anzahl der Juden in Israel (hauptsächlich durch Einwanderung) um 57 Prozent gewachsen. Doch 1996 heirateten um zwei Prozent weniger Juden unter der Aufsicht des Oberrabbinats als 1975. Viele derjenigen, die den orthodoxen Zwang ablehnen und die es sich leisten können, fahren ins Ausland, um dort die Ehe in einem Standesamt zu schließen. Man möchte es nicht glauben, aber in Nikosia, der Hauptstadt Zyperns, heiraten laut Aussage des Rechtsanwaltes Jonathan Livni aus Jerusalem pro Jahr mehr Israelis als Zyprioten. Nach Angaben der Frauenorganisation Naamat gibt es jährlich 22.000 Eheschließungen nach dem religiösen Ritus, aber immerhin 5000 Ziviltrauungen im Ausland (oder in einem Konsulat).

Weil es in Israel keine Zivilehe gibt, werden Israelis gezwungen, nach religiösen Gesetzen zu heiraten, obwohl die Zugehörigkeit zu einer Religionsgemeinschaft in den meisten Fällen nicht freiwillig ist. Das Kind einer jüdischen Mutter ist nach religiösem Gesetz jüdisch, während bei Moslems der Vater zählt. Juden und Moslems können nur heiraten, wenn ein Partner konvertiert.

Obwohl die Reformbewegung bereits 1982 eine Petition an den Obersten Gerichtshof richtete und forderte, dass auch ihre Rabbiner Ehen registrieren können, hat dieser Gerichtshof 1989 dem Minister für religiöse Angelegenheiten Recht gegeben, denn laut Gesetz der rabbinischen Gerichte (für Ehe und Scheidung) aus dem Jahr 1953 dürfen Ehen zwischen Juden in Israel lediglich entsprechend der orthodoxen Halacha durchgeführt werden.

Das ebenfalls 1953 beschlossene Gesetz über die Vermögensverhältnisse von Ehepaaren sieht vor, dass noch vor der Heiratszeremonie derjenige, der diese Ehe registriert, dem Paar die Konsequenzen erklären muss, wenn es keine Vereinbarung zur Vermögensteilung vor der Ehe schließt. Die orthodoxen Matrikelführer erfüllen diese gesetzliche Pflicht nicht, weil sie die Möglichkeit einer gleichbe-

rechtigten Vermögensteilung ablehnen, denn ihre Tradition sieht keine gleichen Rechte für die Frau vor.
In der Vergangenheit kam es auch vor, dass diese Matrikelführer nicht bereit waren, eine von den Heiratskandidaten verlangte Vereinbarung über Vermögensverteilung zu beglaubigen. Bemühungen, diesen Verstoß gegen ein bestehendes Gesetz zu ahnden, stoßen auf Schwierigkeiten, weil die Heiratskandidaten nicht bereit sind, unbestimmte Zeit auf die Entscheidung des Gerichts zu warten und die Alternative einer beschwerlichen Beglaubigung nach der Eheschließung bevorzugen.

Adoption

Die Entscheidung bezüglich einer Adoption wird durch Religionszugehörigkeit beeinflusst, diese kann sogar ein israelisches Ehepaar daran hindern, ein Kind in Israel zu adoptieren.
Die israelische „Kinderfürsorge" wendet die Vorschrift des Adoptionsgesetzes, wonach das adoptierende Paar und das Kind der gleichen Religion angehören müssen, mit drakonischer Strenge an und verhindert so, dass Ehepaare, in denen Mann und Frau nicht der selben Religion angehören oder überhaupt nicht einer Religionsgemeinschaft angehören, ein Kind adoptieren können.
Im Dezember 1997 hat IRAC einen Fall vor das Bezirksgericht Jerusalem gebracht, in dem ein Ehepaar ein Kind adoptieren wollte. Die Frau ist Jüdin, der Ehemann gehört keiner Religionsgemeinschaft an. Das Gericht fällte die Entscheidung, ein solches Ehepaar könne ein nicht religiöses Kind oder ein Kind ohne Religion adoptieren. Trotzdem hat die „Kinderfürsorge" diesen Gerichtsbeschluss mit der Begründung umgangen, dass alle Kinder eine Religion haben, und wenn keine ersichtlich ist, dann wird durch eine Befragung des Beit Din (religiöses Gericht) eine solche „entdeckt".
Wegen der Masseneinwanderung aus den GUS-Staaten und der wachsenden Zahl von Gastarbeitern werden Ehen zwischen Personen, die verschiedenen Religionen angehören, immer häufiger. Das Adoptionsgesetz verhindert in derartigen Fällen auch, ein Kind aus der vorherigen Ehe eines Partners zu adoptieren.

Scheidung in Israel
Der Zwang zur Scheidung vor einem religiösen Gericht, ohne jede bürgerliche Alternative, verletzt die Freiheit des Gedankens, des Gewissens und der Religion. Selbst jüdische Ehepaare, die im Ausland eine in Israel anerkannte Zivilehe geschlossen haben, sind gezwungen, falls sie sich scheiden lassen, dies vor einem Rabbinatsgericht zu tun. Als das Gesetz zur Gleichberechtigung der Frauen 1951 beschlossen wurde, hat man, anstatt die Diskriminierung der Frauen durch das religiöse Gesetz abzustellen, eine explizite Ausnahme bezüglich Heirat und Scheidung angenommen.
Die detaillierten religionsgesetzlichen Scheidungsbestimmungen sind im Abschnitt „Benachteiligt oder bevorzugt" enthalten. In der Praxis kann durch die Verweigerung der Zustimmung zur Scheidung oder indem diese von einem Nachgeben bei der Vermögensverteilung abhängig gemacht wird, ein Partner an der Scheidung gehindert werden. Das 1995 beschlossene Gesetz der Rabbinatsgerichte ermächtigt diese, in Ausnahmefällen die Partei, die eine Scheidung verweigert, mit Gefängnis zu bestrafen. Trotz der Strafandrohung verweigern einige Parteien die Zustimmung zur Scheidung. Wenn es dazu kommt, so leiden Frauen mehr darunter als Männer – denn während Männer die Erlaubnis erhalten können, ohne Scheidung eine zweite Ehe einzugehen, steht für Frauen diese Möglichkeit nicht offen.
Das Zürcher „Israelitische Wochenblatt" berichtete im März 1999 über den Fall einer israelischen Lehrerin, die mit einem Drogenabhängigen, der sie terrorisiert, noch immer verheiratet ist, obwohl sie seit zehn Jahren versucht, von ihm den Scheidungsbrief zu erhalten. Nach mehreren Versuchen vor einem israelischen Gericht konnte sie schließlich ihren Mann überzeugen, ihr dieses wichtige Dokument zu geben. „Die Rabbiner jedoch widersetzten sich der Scheidung mit der Begründung, dass der Ehemann den Scheidungsbrief seiner Frau nicht aus freiem Willen, wie es das jüdische Gesetz verlangt, geben wollte."
In Israel können sich nur Ehepaare, die nicht der selben Religion angehören, vor einem Zivilgericht scheiden lassen, allerdings müssen solche Paare laut einem 1969 beschlossenen Gesetz eine Petition beim Präsidenten des Obersten Gerichtes einreichen, der dann be-

stimmt, welches Gericht die Scheidung behandelt. In letzter Zeit wenden sich viele Einwanderer aus der ehemaligen UdSSR, die in solchen Ehen leben, an die Rabbinatsgerichte, die entgegen den bestehenden Gesetzen diese Scheidungsgesuche behandeln, anstatt sie an den Präsidenten des Obersten Gerichtes zu übergeben.
Bezüglich der Vermögenseinteilung nach der Scheidung urteilen – anders als bei der Scheidung, die nur von einem Rabbinatsgericht erhalten werden kann – sowohl Rabbinatsgerichte als auch Zivilgerichte. In der Regel sprechen Rabbinatsgerichte geschiedenen Frauen um 30 Prozent weniger Alimente zu als die zivilen Familiengerichte (Haaretz, 16. 9. 1998). Das führt dazu, dass Männer sich beeilen, das Scheidungsgesuch beim Rabbinatsgericht einzureichen, während Frauen die Zivilgerichte bevorzugen. Das Oberste Gericht entschied, dass in diesen Fällen auch die Rabbinatsgerichte die zivilen und nicht die religiösen Gesetze anwenden müssen. Zusätzlich muss „das Rabbinatsgericht den gemeinsamen Besitz entsprechend den Gleichheitsbestimmungen verteilen und darf keine Entscheidung treffen, welche die Ehefrau diskriminieren würde". Die Rabbinatsgerichte erklären, diese Entscheidung nicht zu akzeptieren.

Begräbnisse in Israel

Bis vor kurzem war das orthodoxe Establishment allein verantwortlich für die Verwaltung von Friedhöfen und Begräbniszeremonien in Israel und es gab keine Alternative zum orthodoxen Begräbnis (die einzigen Ausnahmen waren die Friedhöfe der Kibbuzim und Genossenschaftsdörfer). Die orthodoxen Bestattungsunternehmen (Chevra Kadischa) verbieten den Gebrauch von Särgen, Frauen dürfen an gewissen Ritualen, wie zum Beispiel dem Beten des Trauergebetes (Kaddisch), nicht teilnehmen, und die Zeremonie darf nur nach orthodoxer Liturgie durchgeführt werden. Nicht jüdischen Familienangehörigen, nicht orthodox Konvertierten und liberalen Juden wurden (und wird noch) eine ihren eigenen Traditionen entsprechende Begräbniszeremonie verweigert. Dem Druck der Öffentlichkeit und den Beschlüssen des Obersten Gerichts nachgebend, hat die Knesset 1996 das Recht „auf alternatives ziviles Begräbnis" beschlossen. Dieses Gesetz verlangt vom Staat, Friedhöfe für zivile und nicht orthodoxe Bestattungen zur Verfügung zu stellen. Der erste alternative Friedhof wurde im März 1999 in Beerschewa eröffnet, alle anderen geplanten Projekte konnten aufgrund administrativer und finanzieller Behinderungen durch die Behörden noch nicht realisiert werden.

Die fortgesetzte Kontrolle des Bestattungswesens durch das orthodoxe Rabbinat bringt eine grobe Verletzung der Würde und der bürgerlichen Rechte von zahllosen israelischen Staatsbürgern (die Steuer bezahlen und Militärdienst leisten) mit sich.

12. Politisch und religiös motivierte Gewalt

Wenn du gegen deine Feinde kämpfst, so hüte dich vor allem Bösen.
5 Mose, 23, 10

12.1 Ultraorthodoxe Gewalt

Orthodoxe Juden in ihrer traditionellen Kleidung – die der Kleidung polnischer Grundbesitzer vor 200 Jahren ähnelt – gehören zum Stadtbild mancher europäischen Großstadt. Sie sind absolut friedfertig und es würde ihnen nicht im Traum einfallen, Gewalt anzuwenden. Weshalb aber sieht man im Fernsehen immer wieder orthodoxe Israelis, die Steine auf Autos werfen?

Tatsächlich verdient das Phänomen der Gewaltanwendung von Haredim, die hauptsächlich, aber nicht immer gegen die säkulare Gesellschaft gerichtet ist, eine besondere Erwähnung. Diese Haredim lehnen das erfolgreiche zionistische Projekt ab und werden von einer tiefen Angst um die eigenen Identität getrieben. Abgelehnt werden nicht nur der Zionismus, sondern der Staat an sich, seine Werte, seine Sprache und seine nationalen Symbole. Deswegen kommt es immer wieder zu Ausschreitungen, die nicht nur von den Extremisten unter den Haredim unterstützt werden. Auch „gemäßigte" Haredim nehmen an diesen gewaltsamen Auseinandersetzungen teil, sei es, weil sie mit den Zielen der Extremisten sympathisieren oder weil sie wegen der mit den Zionisten eingegangenen Kompromisse Schuldgefühle hegen. Ihre Selbstsicherheit und damit ihre Aggressivität sind während der letzten Jahre sehr gestiegen.

Einige Beispiele: Anfang November 1998 stürmten dutzende ultraorthodoxe Männer die Wohnungen von drei Schweizer Christinnen in Jerusalem und demolierten diese Wohnungen vollständig. 500 Haredim schrien „Nazis", „München" und beschimpften die Frauen auf das Ärgste. Von den ursprünglich sechs Verhafteten wurden vier angeklagt. Die Bezirksrichterin beschrieb den Vorfall als „schockierendes Ereignis, welches als Pogrom bezeichnet werden kann" und kritisierte die Polizei, die zwar schnell auf den Hilferuf einer der angegriffenen Frauen reagierte, aber den Ort verließ, sobald die Frau in Sicherheit gebracht worden war. Die Polizisten kamen zurück, versuchten die Menge zu beruhigen und gingen wiederum. Erst als sie das dritte Mal zurückkehrten und sahen, dass Plünderer Gegenstände aus den Wohnungen warfen, kam es zur Verhaftung. Die zuständigen Rabbiner waren nicht bereit, dieses Verhalten zu verurteilen. Haredim demonstrierten mehrmals für die Freilassung der Täter.

Ende November 1998 wurden zwei Jugendliche in Jerusalem verhaftet, weil sie die Wohnung eines ehemaligen ultraorthodoxen Jugendlichen angezündet hatten. Sie rechtfertigten die Brandstiftung damit, dass „sein säkulares Benehmen in einer religiösen Gegend unschicklich war". In diesem Viertel wurde bereits 1994 der letzte Kiosk, der auch nicht religiöse Zeitungen verkaufte, angezündet.

Weil er einen Fernseher besitzt, wurde ein 78-jähriger, im Rollstuhl sitzender Invalide Ende 1998 in Jerusalem von vier Haredim misshandelt und es wurden ihm beide Hände gebrochen. Die Täter begnügten sich nicht mit Schlägen. Sie zerstörten sein Videogerät, seinen Fernsehapparat und das Telefon. Nachher sagten sie: „Das gebührt dir, wenn du Fernsehen schaust. Wisse ein für alle Mal, wer wir sind!"

Bereits 1995 betonte ein Aktivist einer „Keuschheitsgruppe" in einer orthodoxen Zeitschrift: „Es gibt keine spontanen Schläge, jeder Schlag bekommt die Bestätigung eines Weisen. Wir haben Anweisung, in besonders schweren Fällen die Hände und Beine zu brechen. Nicht töten. Man schlägt mit Händen und mit Stöcken, doch vorerst spritzt man ein wenig Tränengas, um zu verwirren, dann bindet man die Augen zu, damit er die Schläger nicht identifizieren kann. Man schlägt so lange, bis er sagt: ‚Ich bereue'."

Eine Mitverantwortung für derartige Gewalttaten tragen die Rabbiner dieser Gruppen. Es ist bekannt, dass es unter den Haredim professionelle Organisatoren von Demonstrationen gibt, die nicht selten in Ausschreitungen münden. Oft genug kommt es auch zu Auseinandersetzungen zwischen den verschiedenen Gruppen.

Der Polizei fällt es schwer, einzelne Täter dingfest zu machen, da es einen engen Zusammenhalt gibt und es schwierig ist, Informanten zu engagieren.
Die Großmut der Behörden gegenüber den Ausschreitungen der Haredim ist bemerkenswert. Das dürfte nicht nur mit ihrem wachsenden Gewicht in der israelischen Politik zu tun haben, sondern auch mit der Tatsache, dass die Haredim keine Schusswaffen benützen und keine Morde begehen.

12.2 Fundamentalistisch-nationalistische Gewalt

Während der fast zweitausend Jahre, in denen die Juden keinen Staat hatten, wurde ein psychologischer und gesellschaftlicher Modus gefunden, um Gewaltanwendung unter Juden zu verhindern. Unter dem Eindruck des mörderischen Bruderzwistes im von den Römern belagerten Jerusalem brandmarkte die Halacha die Fanatiker – obwohl sie alle gesetzestreue Juden waren – als Sünder, weil sie Terror gegen die Gemäßigten, die einen Kompromiss mit den Römern suchten, ausübten. Auch deswegen gab es in der Diaspora kaum Gewalttaten von Juden.
Seit der Gründung Israels kam es allerdings immer wieder zur Gewaltanwendung zwischen verschiedenen Gruppen. Hier soll nur die politisch-religiös motivierte Gewalt geschildert werden, die vermehrt seit den Siebzigerjahren in Erscheinung tritt. Die Geschichte der beiden jüdischen Terrororganisationen Ezel und Lechi unter der britischen Mandatsregierung wird nicht näher beleuchtet.
1970/71 traten in Israel zum ersten Mal kleine, Gewalt anwendende rechtsextreme Gruppen auf, die aber keine Bedeutung erlangten. 1971 gründete der orthodoxe Rabbiner Meir Kahane die „Liga zur jüdischen Selbstverteidigung“, eine Selbstschutzgruppe zur Verteidigung der Juden in einigen Vierteln New Yorks gegenüber gewalttätigen Angriffen von Farbigen.
Kahane gab sich als einer, der tapfer gegen das zu vorsichtige und zaudernde jüdische Establishment kämpft, und wurde sehr schnell

zum Helden eines Teils der jüdischen Jugend. Dazu kam sein Kampf gegen die Sowjetunion wegen deren Unterdrückung der Juden. Kahane initiierte eine Reihe von Angriffen gegen sowjetische Diplomaten und Einrichtungen. Als seine Aktionen die offizielle Politik der USA – deren damaliger Präsident Richard Nixon sich um eine Verbesserung der Beziehungen zur UdSSR bemühte – störten, wurde gegen Kahane vom FBI eine Untersuchung eingeleitet. Rabbiner Kahane, dem ein längerer Aufenthalt in einem Gefängnis drohte, fasste den Beschluss, sein Tätigkeitsfeld nach Israel zu verlegen. Dort versuchte er am Anfang den Eindruck zu erwecken, an Politik nicht interessiert zu sein, doch sehr bald machten seine Anhänger auch in Israel mit Gewalt auf sich aufmerksam. Personen und Institutionen, die Rabbiner Kahane als „Feinde des jüdischen Volkes" brandmarkte, wurden tätlich angegriffen, so christliche Missionare, die finnische Botschaft, welche die Interessen der UdSSR in Israel vertrat, und natürlich auch Araber. Vor dem Jom-Kippur-Krieg 1973 folgerte Kahane, dass Juden und Araber nicht zusammenleben können, und begann Druck auf Araber auszuüben, damit diese das Land – gegen finanzielle Entschädigung – verlassen.
War die Bewegung des Rabbiner Meir Kahane vorerst nur auf einige Dutzend Mitglieder beschränkt, so ist „Gusch Emunim" (der „Block der Gläubigen") die wichtigste außerparlamentarische Massenbewegung in Israel. Sie entstand als Ergebnis der Kriege 1967 und 1973 und ist Zeichen einer Revolte der jungen Generation von religiösen Zionisten gegen den herrschenden säkularen Lebensstil Israels. Bereits in der Unabhängigkeitserklärung kommt die Spannung zwischen Israel als jüdischem und als demokratischem Staat – der allen seinen Bürgern Gleichheit garantiert – klar zum Ausdruck. Von Anfang an gab es zwei verschiedene Auffassungen über die Art des Staates, einerseits jene, die die Gleichheit aller Bürger und den demokratischen Charakter des Staates betonte und im Endeffekt auf die Schaffung einer israelischen Staatsnation hinarbeitete, und anderseits die auf ethnisch-religiöser Basis beruhende Auffassung. Während der ersten Jahrzehnte des Staates – als die Arbeitspartei die Hegemonie ausübte – war erstere vorherrschend. Unruhe erfasste fast das gesamte nationalreligiöse Lager, denn der säkulare Zionismus, der Juden wieder ihr Schicksal selbst bestimmen ließ, wider-

sprach dem religiösen Selbstverständnis. Die deswegen entstandenen Komplexe und Ängste im nationalreligiösen Lager führten noch vor 1977 mit dazu, dass die bis dahin gemäßigte National-Religiöse Partei (NRP) in das Lager der Rechten wechselte. Die junge Generation dieser Partei spielte dabei eine führende Rolle. Nach der Wende 1977 – als der rechts gerichtete Likudblock die Regierung übernahm – bekamen diese jungen nationalreligiösen Kräfte Aufwind.

Aber aus den verschiedensten Gründen gab auch die herrschende Arbeitspartei während ihrer Regierungszeit Forderungen der Religiösen nach. Bereits 1953 wurde ein Gesetz über das staatliche Unterrichtswesen beschlossen, in dem es zu einer offiziell bestätigten Trennung des Kultur- und Bildungssystems zwischen Säkularen und Religiösen mit verschiedenen Lehrplänen und unterschiedlichen Anforderungen an die Lehrerausbildung kam. So wurde die Spaltung der Generation der Väter auf die Jugend übertragen.

Die Aktivisten des Gusch Emunim kamen aus diesem geschlossenen religiösen Milieu. Ihre ganze Jugend begleiteten sie die Worte ihrer geistigen Führer, welche aufgrund der „Sünden“ des säkularen Zionismus die Schwächung der Religion und den Aufschub der Erlösung betonten. Ihre Organisationsstruktur übernahmen sie von der NRP, das ideologische Rüstzeug kam vom Leiter der Jeschiwa „Merkas Harav“, Rabbiner Zwi Jehuda Kook (1891–1981). Z. J. Kook, der Sohn des ehemaligen Oberrabbiners Avraham Jitzchak Kook (1865–1935) ging anders als sein zu Kompromissen bereiter Vater radikal vor. Der Vater versuchte das nationalreligiöse Lager damit zu trösten, dass er die säkulare Hegemonie als eine vorübergehende Phase der messianischen Entwicklung schilderte. Am Ende würden die säkularen Zionisten der Orthodoxie nur als „Esel des Messias“ dienen. So gesehen hatten die ketzerischen Säkularen lediglich eine Aufgabe im göttlichen Heilsplan zu spielen. Z. J. Kook erlebte die Staatsgründung 1948 und den Sechstagekrieg 1967, diese Ereignisse überzeugten ihn von der nahenden Erlösung. Er predigte die Besiedlung der historischen Gebiete, die 1967 von Israel „befreit“ wurden.

Gusch Emunim sah sich als Erneuerungsbewegung des Judentums und des Zionismus, übernahm den Mythos der Pioniere, ihre Symbole und Rhetorik und kopierte sogar deren legere Umgangsformen.

Das sollte auch einige linke Politiker zu vollkommen falschen Schlüssen verleiten. Die überwiegende Mehrheit der Siedler kommt aus einem traditionell-religiösen Milieu. Schnell verbündeten sie sich mit der säkularen „Bewegung des ganzen Landes Israel", die hauptsächlich aus dem Lager der linkssozialistischen und „aktivistischen" Achdut Avoda kam. Sie wurde selbstverständlich auch von vielen Rechten unterstützt. Nationalistische und messianische Begeisterung trafen sich.

Als Menachem Begin 1977 Ministerpräsident wurde, sahen sie sich voll bestätigt. Freilich gab es für Gusch Emunim ein paar nicht leicht zu lösende Probleme. Denn wie kann die erwartete baldige Erlösung der Juden mit der Tatsache vereinbart werden, dass im Land Israel viele Nichtjuden leben? Die staatlich zugesicherte Gleichberechtigung aller Bürger und die säkulare Atmosphäre im Staat waren gar nicht nach ihrem Geschmack. Das Gebot der Besiedlung des Landes steht ihrer Meinung nach über den von der Knesset beschlossenen Gesetzen. Rabbiner Z. J. Kook: „Die Regierung ist nicht legitim, wenn sie nicht den Wunsch des Volkes, Erlösung durch Besiedlung, erfüllt. Diejenigen, die den Wunsch äußern, sich von Judäa und Samaria zurückzuziehen, werden von Gott verflucht. Wir erhalten von der Thora die Gebote, nicht von der Regierung. Die Thora übertrifft die Regierung. Sie ist ewig, während diese Regierung provisorisch ist und nicht annehmbar."

Im Gegensatz zu den meisten Haredim leisten die Mitglieder des Gusch Emunim ihren Wehrdienst. Die Armee, die sich als ein Schmelztiegel der Nation sieht, half dabei, die Gesellschaft zu entzweien, und stellte religiöse Eliteeinheiten auf, die besondere Bedingungen erhielten. Man erlaubte ihnen, die Hälfte ihres Wehrdienstes mit Lernen in einer Jeschiwa zu verbringen. Nicht orthodoxen Juden wird ein solches Recht verweigert.

Gusch Emunim wollte eine drastische Änderung der israelischen Gesellschaft erreichen, blieb aber in kleinlichen Streitereien mit der Regierung stecken. Eine kleine extremistische Minderheit, die von dieser mühsamen täglichen Auseinandersetzung besonders enttäuscht war, fand einen Ausweg durch die Bildung terroristischer Gruppen. Allen gemeinsam war die religiöse Begeisterung.

Keine Frage, dass die Moderne alle Religionen vor Probleme stellt,

die viele religiöse Menschen dazu bringen, zurückzukehren zum Fundament der Religion. Der Pluralismus, d. h. das Vorhandensein von vielen anstatt nur einer Lehrmeinung, ist für sie eine besondere Herausforderung, denn damit wird ja auch die Autorität ihrer jeweiligen Führer untergraben.
Ein anderes Problem war – und ist – der Unterschied zwischen der von Gott gegebenen Halacha und den staatlichen Gesetzen. Das säkulare Gesetz wird als provisorisch betrachtet, das nur respektiert wird, solange es nicht mit den eigenen Überzeugungen und Interessen in Konflikt gerät. Kommt es aber zu einem Widerspruch, so fühlen sie sich legitimiert, die säkularen Gesetze zu brechen. Das muss nicht immer und unbedingt in Gewalttätigkeit ausarten. Doch häufig kommt es dazu. So sehen sich gewalttätige Fundamentalisten religiös berechtigt, ja sogar verpflichtet, Amalek – unter diesem biblischen Begriff verstehen sie alle „Judenfeinde" – zu töten. Gerade gewalttätige Aktionen vereinigen derartige Gruppen und bestärken sie in ihrem Glauben. Publikationen von Gusch Emunim weisen ständig auf die Gefahr hin, die von dunklen Kräften droht. Die Feinde sind die palästinensischen Araber und ihre Verbündeten, zu denen sie Mitglieder der israelischen Regierung und den Regierungschef zählten, der die Araber „verstand". Während ihre idealistischen Mitglieder sich selbst aufopfern, um die Erlösung herbeizuführen, wird diese von der Regierung durch ihre bösen Taten verhindert. So wird auch individuell auszuübende Gewalt gerechtfertigt. Gusch Emunim hatte zu jeder Zeit die volle Unterstützung der NRP, die ja fast ununterbrochen seit 1948 an der jeweiligen Regierung beteiligt ist, und der direkte Zugang zur Macht gab ihr eine Reihe von Möglichkeiten. Das von Menachem Begin unterzeichnete Abkommen von Camp David, basierend auf dem Prinzip „Land gegen Frieden", schockierte all diejenigen, die darin einen Akt gegen das baldige Kommen des Messias sahen.
Als im Juli 1984 bekannt wurde, dass „Kach", die Partei des Rabbiners Kahane, fast 26.000 Stimmen bei den Wahlen zur Knesset erhalten hatte, war der Schrecken groß. Kahane konnte nun – geschützt durch parlamentarische Immunität – seine rassistischen Ideen straflos verbreiten. Bereits am Tag nach den Wahlen feierten seine Aktivisten ihren Sieg mit einem „Siegesmarsch" durch das

moslemische Viertel der Altstadt von Jerusalem, wo sie Marktstände umwarfen und die Araber aufforderten, das Land zu verlassen. Dies und die Bekanntgabe der Wahlanalyse erschütterte einen Teil der israelischen Gesellschaft, denn es kam heraus, dass unter den Wählern Kahanes überproportional viel junge, in Israel geborene Juden waren. Laut einer Meinungsumfrage waren 40 Prozent aller Mittelschüler mit dem Extremismus des Rabbiner Kahane einverstanden. Es entstand eine breite Front von Israelis, von den Linken bis zu nüchternen und demokratischen Teilen der Rechten, die dieser Entwicklung Einhalt bieten wollten. Zwischen 1984 und 1992 versuchte man dies zu tun. Im Herbst 1984 wurde eine Einheitsregierung gebildet, in der die Arbeitspartei und der Likud zu gleichen Teilen vertreten waren. Diese seltsame Koalition hatte einen hemmenden Einfluss auf die extremistischen Aktivitäten, das Unterrichtsministerium und die Armee begannen sich mit dem Kahanismus auseinander zu setzen. 1985 beschloss die Knesset ein Gesetz, wonach Parteien, die Rassenhetze betreiben und deren Programm gegen die Demokratie gerichtet ist, nicht mehr an Wahlen zur Knesset teilnehmen dürfen. Bei den Wahlen 1988 durfte Kach nicht mehr antreten.

Der Krieg im Libanon verschärfte die innenpolitischen Differenzen. Emil Grünzweig, ein Mitglied von „Frieden jetzt", der 1983 gegen den Krieg demonstrierte, wurde von einer Handgranate getötet, die ein Jude auf die Demonstranten warf.

Bereits Anfang der Achtzigerjahre wurden Kach-Terroristen verhaftet, die mittels Terror und Einschuchterung erreichen wollten, dass die Palästinenser das Land verlassen. Da die Mehrheit der israelischen Gesellschaft sich in ihrer Ablehnung der Kach-Bewegung einig war und ist, können derartige terroristische Anschläge bis heute als Taten von Randexistenzen beschrieben werden. Allerdings fällt in diesem Zusammenhang auf, dass einige Kreise viel Verständnis aufbringen und diesen Terror als Taten von „Verrückten" verharmlosen, schon aus dem Grund, weil sich die Gewalt ja „nur" gegen Araber richtet.

Eine ganz andere Qualität hatte der „jüdische Untergrund", der vor seiner Entdeckung durch die Behörden und auch nachher die Unterstützung der Siedlerbewegung sowie der rechten Parteien und von

Kach genossen hat. Eine Reihe von Rabbinern gehörte zu seinen Sympathisanten.

1984 wurde eine Gruppe von 27 jüdischen Terroristen des „jüdischen Untergrundes“ verhaftet. Die Anklageschrift enthielt folgende Punkte:

1. Anschläge auf arabische Bürgermeister in Judäa und Samaria, 1980
2. Anschlag auf den Fußballplatz der Hussein-Schule in Hebron, 1982
3. Anschlag auf die islamische Hochschule in Hebron, 1983
4. Anschlag auf Moscheen in Hebron, 1983
5. Versuch eines Anschlags auf arabische Autobusse in Jerusalem, 1984
6. Planung (und Verschwörung), um die Moscheen auf dem Tempelberg in Jerusalem zu sprengen, 1980–1984

Zum Glück ist kein geplanter Anschlag auf die Moscheen am Tempelberg gelungen. Da es sich um ein wichtiges Heiligtum der Moslems handelt, wären die Folgen katastrophal gewesen.

Einige, aber nicht alle dieser jüdischen Terroristen kamen aus der von Rabbiner Meir Kahane gegründeten Kach-Bewegung. Doch alle waren orthodoxe Juden, was auch seinen Ausdruck darin fand, dass Frauen nicht beteiligt wurden.

Von den 27 angeklagten Terroristen waren die meisten Familienväter, sechs von ihnen Offiziere der Armee und wenigstens zehn hatten ihre Ausbildung in Jeschiwot genossen. Teilweise waren bereits Vorfahren der Täter Mitglieder der beiden jüdischen Terrorgruppen gewesen, die vor der Errichtung des Staates die britische Mandatsmacht bekämpften.

Die Mitglieder von Gusch Emunim haben bei ihren Versuchen, sich in Judäa und Samaria anzusiedeln, immer wieder die Gesetze verletzt und die Anweisungen der Armee und der Polizei missachtet. Sie zwingen von Mal zu Mal die Regierung zur Kapitulation. Alle Gesetzesverletzungen wurden von Politikern toleriert und unterstützt, um kurzfristig davon zu profitieren. Dabei nahmen sie in Kauf, die Grundwerte eines Rechtsstaates über den Haufen zu werfen. In einem Fall forderte das damalige Knessetmitglied Ariel Scharon die Soldaten auf, den Befehl zur Räumung der Siedlung Se-

bastia, mitten in einem dicht arabisch besiedelten Gebiet, zu verweigern. So gelang es dieser Siedlerbewegung, sich schrittweise in den Gebieten auszubreiten.
Nach der rechten Wende 1977 wurden israelische Soldaten damit beauftragt, die illegalen Siedler in Hebron und Sichem zu verteidigen, und damit wurde indirekt bestätigt, dass Gesetzesübertretungen mit ideologisch-zionistischem Hintergrund von den jeweiligen Regierungen toleriert werden. Nachdem Mitglieder des „jüdischen Untergrunds" 1984 wegen Mordes, Anschlägen sowie Diebstahl von Waffen der Armee unter Anklage gestellt worden waren, verurteilten die Führer der Siedlerbewegung zunächst diese Taten. Doch alsbald bildete sich eine Lobby, die offen auf Straßen und in Synagogen Geld und Unterschriften für die Freilassung der Verbrecher, die sie „gute Burschen" nannten, warb. Als vor den Wahlen 1988 ein Gesetz zur Begnadigung dieser Gruppe in der Knesset eingebracht wurde, stimmte fast die Hälfte des Parlaments dafür. Im Gefängnis erhielten die Mitglieder des „jüdischen Untergrunds" wesentlich bessere Bedingungen als andere Häftlinge, die wegen ähnlicher Verbrechen – ohne ideologischen Hintergrund – verurteilt waren. Israels Präsident wurde unter politischen Druck gesetzt – den er freilich leugnete – und begnadigte oder verkürzte die Strafen einiger dieser Terroristen. Ende 1990 wurden die drei wegen Mordes in der islamischen Hochschule zu lebenslanger Haft Verurteilten freigelassen. Zuvor hatte der Staatspräsident die Haftdauer dreimal verkürzt.
Am 5. November 1990 wurde Kahane in New York von einem Araber ermordet. Die Trauerrede für diesen Rassisten hielt Israels damaliger sephardischer Oberrabbiner Mordechai Eliahu vor 15.000 Anwesenden. Kahanes Anhänger, die ihn als Märtyrer verehren, spalteten sich in die Gruppen „Kach" und „Kahane Chaj" (Kahane lebt), die bis heute miteinander wetteifern, wer extremistischer und damit treuer zu den ursprünglichen Ideen sei.
1992 erhielt die von Jitzchak Rabin geführte Arbeitspartei wieder die Möglichkeit, eine Regierungskoalition zu führen, und 1993 kam es zur Unterzeichnung des Osloer Abkommens mit der von Arafat geführten PLO. Daraufhin verstärkte sich der fundamentalistische arabische Terrorismus.
In diesem Zusammenhang ist auch der von Baruch Goldstein began-

gene Massenmord zu sehen. Der Arzt Dr. Baruch Goldstein, ein aus den USA eingewanderter orthodoxer Siedler, Vater von vier Kindern, war einer der angesehensten Bürger von Kirjat Arba bei Hebron: ein gewissenhafter Arzt, ehemaliger Vertreter der rassistischen Kach im lokalen Rat, der viele jüdische Opfer der arabischen Gewalt, aber auch Araber behandelte.

Am 25. Februar 1994 stand Goldstein früh auf und ging, gekleidet in seine Armeeuniform mit dem Rangabzeichen eines Hauptmanns, zum Nachtgebet in die Höhle Abrahams, in der sich sowohl eine Synagoge als auch eine Moschee befinden. Er versteckte sich vor dem Gottesdienst in der Moschee und wartete geduldig, bis die betenden Moslems niederknieten, und begann dann mit seiner automatischen Waffe auf die wehrlosen Araber zu schießen. 29 Moslems waren sofort tot und mehr als 100 verletzt. Als sein Gewehr eine Hemmung hatte, wurde er von einigen unverletzt gebliebenen Moslems in Notwehr getötet. Weitere 23 Personen kamen während der darauf folgenden Unruhen in Hebron um.

Zunächst versuchte man die Tat Goldsteins mit einer momentanen Geistesverwirrung zu erklären. Sogar Jitzchak Rabin meinte, der Täter sei geisteskrank, denn der Mörder „kann kein normaler Jude" sein. Als er drei Tage später in der Knesset Stellung nahm, gab Rabin eine „persönliche" Erklärung ab und stellte fest, dass er sich als Jude schuldig fühle, denn in seinem schrecklichsten Alptraum hätte er sich nicht vorstellen können, dass ein Jude eine solche Tat begehen könnte. Das war auch der Grund, warum er es später ablehnte, eine kugelsichere Weste zu tragen.

Nicht zufällig wurde die Theorie eines „einzelnen verrückten Täters" von den Führern von Gusch Emunim unterstützt. Doch Baruch Goldsteins engste Freunde von den Bewegungen Kach und Kahane Chaj erklärten, zwar nichts vom Mordplan gewusst zu haben, aber sie fanden die Tat berechtigt und feierten diese. Ihrer Meinung nach war das die passende Antwort auf den arabischen Terror. Doch sie gaben dem Mord auch einen religiösen Anstrich.

Die beiden Oberrabbiner Israels verurteilten die Tat, der aschkenasische Oberrabbiner Jisrael Meir Lau stattete dem Vorsitzenden des obersten moslemischen Rates einen Beileidsbesuch ab. Beide verabschiedeten eine gemeinsame Erklärung zur Beruhigung der Gemüter. Doch schon drei Wochen später wandten sich beide Oberrabbiner an die Regierung, damit in administrative Haft genommene Rechtsextremisten anlässlich eines hohen Feiertages freigelassen würden. Ihre Bitte wurde abgeschlagen.

Joel Lerner, aus dem Dunstkreis der rechtsextremistischen Kach-Bewegung kommend, erklärte in einem Interview, das er dem „Wall Street Journal" gab, „wenn der Vorfall in Hebron den Friedensprozess für einen Monat unterbrochen hat, so würde eine ähnliche Aktion am Tempelberg diesen endgültig beenden".

In einem Brief an eine Zeitschrift (Juni 1994) schrieb Rabbiner Dov Lior: „Baruch Goldstein, Gott räche sein Blut, wurde in der Höhle von Fremden gelyncht, weil er Jude ist, und man muss sicher Kaddisch (Trauergebet) nach ihm sagen, wie für die Märtyrer der Schoa."

In der Einleitung zu dem von Rabbiner Jitzchak Ginsburg, dem Leiter der Jeschiwa am „Grab Josefs" in Nablus und Mitglied von Chabad, zu Ehren des Mörders herausgegebenen Buch „Baruch hagever" wird festgestellt: Baruch Goldstein hat für die „Ehre Israels" sein Leben als Märtyrer geopfert. Ginsburg vergleicht demagogisch die Lage des militärisch starken Israel mit derjenigen der Juden in Europa vor dem Zweiten Weltkrieg; er verherrlicht die Rache, „wenn es keine Rache gibt, fängt das Leben an, in Traurigkeit und Mangel an Glauben an die eigenen Kräfte zu versinken". Ginsburg will das Böse vertilgen und das Andenken an „Amalek" auslöschen.

Rabbiner Ido Elba, der wegen unerlaubten Waffenbesitzes und seines Aufrufs zum Mord an Arabern vor Gericht stand, veröffentlichte im selben Buch seinen Artikel „Klärung der Rechtsprechung beim Töten eines Nichtjuden", in dem er bemerkte, diesen Aufsatz nach Gesprächen mit einem der „Größten seiner Generation", mit dem ehemaligen Oberrabbiner von Israel, Mordechai Eliahu, verfasst zu haben. Elba schränkt das Gebot „Du sollst nicht morden" ein, nur Juden dürfe man nicht morden. Im Buch „Baruch hagever" scheint auch der Sohn von Meir Kahane, Benjamin Seev Kahane, als Verfasser des Artikels „Kulturkampf" auf. Dieser Anführer der rechtsextremen Gruppe „Kahane Chaj" teilt das Judentum in das „jüdische" und in das assimilierte Lager und meint: „Der Grund der Gründe aller dieser Kriege zwischen den beiden Lagern in unserem Land ist

die Demokratie. Die Demokratie ist die Fahne, unter der das assimilierte Lager zu seinem Kampf gegen das Judentum, gegen den Zionismus und das ‚jüdische Lager‘ aufbricht.“ Und folgert: „Wie es keinen Frieden mit Amalek geben kann, weil er das Schlechte und die Lüge symbolisiert, so ist das mit dem Volke Israel, so kann sich das Volk Israel nicht mit der ideologischen Grundlage der Demokratie, welche die Lüge ist, versöhnen.“ Binnen zwei Tagen wurden 1000 Exemplare der Broschüre verkauft und man bat die Erwerber, den Inhalt nicht den Medien mitzuteilen.
Die Lehren aus der schrecklichen Tat des Baruch Goldstein wurden weder von den Behörden noch von der israelischen Gesellschaft gezogen. Lediglich 20 Monate später konnte der Bewunderer Goldsteins, Jigal Amir, Ministerpräsident Jitzchak Rabin ermorden. Dies geschah nach Monaten der Massendemonstrationen gegen die Politik des Ausgleiches mit den Palästinensern in einer hasserfüllten Atmosphäre, zu der auch die überwiegende Mehrheit der religiösen Kreise einen wesentlichen Beitrag leistete.

12.3 Halacha und Staat

Wurde Jitzchak Rabin „aufgrund der Halacha“ ermordet?

Jigal Amir, der Mörder Rabins, erklärte vor Gericht: „Im Moment, in dem ein Jude sein Volk und sein Land in die Hände eines Feindes gibt, muss man ihn aufgrund der Halacha töten.“
Was ist das für eine Halacha, auf die sich der Mörder stützt?
Halacha, „die zu gehende Wegrichtung“, ist eine Zusammenfassung aller religionsgesetzlichen Vorschriften, Anweisungen und Normen. Bis heute beantworten Rabbiner halachische Fragen. Da die Thora laut orthodoxem Verständnis von Gott gegeben und von Generation zu Generation weitergereicht wurde, waren zunächst die „Väter“ bzw. die „Alten“ autorisiert, diese Fragen zu beantworten. Dann meinte man, dass die Alten auch weise sind und es waren die „Weisen des Talmuds“, die bestimmten. Während man die Anzahl der Schüler eines Rabbiners objektiv feststellen konnte, war die Frage, wer ein „Großer“ und „Wichtiger“ seiner Generation sei, nur subjek-

tiv zu beantworten, und darüber wurde auch zur Genüge gestritten. Sogar die Meinungen über den großen Gelehrten Rambam (Maimonides oder Moses ben Maimon, 1135–1204) waren geteilt.
Heutzutage ist eine solche Übereinstimmung unmöglich. Und weil man sich auf keinen „Großen der Generation“ einigen kann, ist es üblich, großzügig Titel zu verleihen. Es gibt tausende von „Genies“, „Gerechten“, „Heiligen“, sodass alle diese Titel ziemlich bedeutungslos sind, denn heute erhält fast jeder Rabbiner von seinen Anhängern den Titel „Großer der Generation“.
Jeder, der zum Rabbiner ernannt wurde, hat das Recht, halachische Entscheidungen zu fällen. Und so fallen diese auch sehr verschieden aus.
Die britische Mandatsregierung führte 1921 in Palästina die Institution des Oberrabbinats ein und ernannte je einen Oberrabbiner für die aschkenasischen und die sephardischen Juden. Während zur Mandatszeit die lokalen Gemeinden einen Einfluss auf die Wahl ihres Rabbiners hatten und dadurch auch gewährleistet wurde, dass diese Rabbiner Rücksicht nahmen auf die Bedürfnisse der Gemeinde, schuf der Staat Israel eine zentralisierte religiöse Bürokratie, die keiner Kontrolle unterworfen ist. Israel autorisiert die beiden Oberrabbiner und den Obersten Rabbinerrat Israels, „denen, die um ihren Rat fragen, Antwort in Sachen der Halacha zu geben“. Es handelt sich dabei um ein säkulares, von der Knesset gegebenes Gesetz, das nichts mit der Halacha zu tun hat, was dazu führt, dass viele Orthodoxe diese Entscheidungen nicht akzeptieren und sogar an der Autorität der vom Staat ernannten Oberrabbiner zweifeln und nur ihren eigenen Rabbinern vertrauen.
Wer die Autorität der Oberrabbiner nicht anerkennt, hat seinen eigenen Rabbiner, dessen Autorität er anerkennt, wobei er gleichzeitig die Autorität des Rabbiners aus dem Nachbarhof ablehnt. Und jeder dieser Rabbiner ist überzeugt, dass sein Spruch und nur sein Spruch gemäß der Halacha gegeben wird. Doch seine Konkurrenten akzeptieren dies nicht, entweder weil sie ihn nicht achten, oder weil sie sein Wissen anzweifeln. Manchmal werden die halachischen Diskussionen auch mit Fäusten und Stöcken durchgeführt und in diesen Fällen muss die säkulare Polizei des verachteten demokratischen Staates intervenieren, damit es nicht zum Blutvergießen kommt.
Freilich werden gewisse Grundannahmen von allen akzeptiert. Doch

in allen aktuellen Angelegenheiten, in denen es notwendig ist, eine Entscheidung herbeizuführen, herrscht totale Uneinigkeit, denn der eine urteilt milde und der andere streng, der eine akzeptiert die Gesetze des Staates, der andere verbietet die Einhaltung eines oder mehrerer Gesetze, der eine respektiert die Menschen und lehrt sie zu lieben, während der andere Hass gegen „Ketzer“ und Nichtjuden predigt.

Was sind diese „aktuellen Angelegenheiten“? Zumeist sind es politische Entscheidungen. Die Fragen, die den Rabbinern gestellt werden, haben nichts mit der Größe der Thora zu tun und es geht nicht um ein schwieriges Problem der Halacha, sondern oft nur um die Instrumentalisierung der Religion zu politischen Zwecken. Der ehemalige aschkenasische Oberrabbiner Israels, Abraham Schapira, warnte nach dem Mord an Rabin diejenigen Rabbiner, „die groß erscheinen wollen vor den Ignoranten und aufspringen, um vorne zu sitzen, zu richten und zu lehren in Israel“. Und in ihren politischen Urteilen „vermehren sie den Streit und vernichten sozusagen die Welt“. Nun hat dieser Rabbiner Schapira selbst oft genug mitgeholfen, derartige halachisch-politische Entscheidungen zu fällen.

Andererseits gibt es im religiösen Lager viele, die meinen, man sollte Halacha und Politik nicht vermischen, denn das schade sowohl der einen wie der anderen. Einige Rabbiner entschieden, dass laut Halacha die Politik den Politikern und der Krieg den Soldaten überlassen werden sollte. Doch viele Rabbiner können das nicht akzeptieren, denn ihrer Meinung nach gibt es keine Frage der Welt, die nicht von der Halacha beantwortet wird. Und weil das so ist, erklären alle orthodoxen Parteien in Israel, dass jede ihrer politischen Entscheidungen einer Bestätigung durch den Rat der „Großen der Thora“ oder der „Weisen der Thora“ bedürfe. Zum Beispiel die Frage, ob man sich an einer Koalition beteiligen darf oder nicht. Also wägen sie ab, ob man mit „Ketzern“ und Frauen unter einem Dach sitzen darf und ob die Sünde, die man damit begeht, aufgewogen wird durch den Gewinn, den man erreicht, indem der Status der Religion bestärkt wird und ihre Anhänger mehr Geld aus Steuermitteln erhalten.

Natürlich stützen sie sich auch bei Entscheidungen in politischen Fragen auf die mündlichen oder schriftlichen Kommentare zur Thora. Nicht nur die meisten Rabbiner der Gebiete, sondern auch ein ehemaliger Oberrabbiner Israels traf die Entscheidung, dass es verboten ist, auf Teile des „Landes Israel“ zu verzichten. Die Anhängerschaft dieser Rabbiner ist vielleicht größer als diejenige der anderen Rabbiner, die eine gegenteilige Entscheidung getroffen haben.

Aufgrund des blinden Vertrauens in die Sprüche der Rabbiner sind Entscheidungen oft sehr gefährlich. Wenn in der Thora steht „denn ihr geht über den Jordan, das Land einzunehmen, das der Ewige, euer Gott, euch gibt, dass ihr es einnehmet und darin wohnt“ (5 Mose 11, 31), wird das als ein Befehl Gottes erklärt, wonach man nicht einen Fußbreit dieses Bodens Fremden übergeben darf. Die Tatsache, dass man diesen Satz auch anders – nämlich als eine Zusicherung – erklären kann, ändert nichts an der politischen Entscheidung derjenigen halachischen „Autoritäten“, die der Regierung Vorschriften machen wollen. Natürlich wissen sie, dass die Regierung sich nicht daran halten kann, denn jede Regierung, so auch die israelische, muss ihre Entscheidungen aufgrund von sachlichen Überlegungen fällen.

Trotzdem ist eine solche politische Halacha gefährlich. Nicht nur dass sie den Rechtsstaat und die Demokratie untergräbt, sie gibt denjenigen, die verpflichtet sind, gesetzliche Befehle auszuführen, religiöse Vorwände, um diese nicht zu befolgen. Damit diesbezüglich keine Zweifel bestehen, haben einige Rabbiner ausdrücklich entschieden, dass im Sinne der Halacha die Soldaten nicht den Befehlen ihrer Vorgesetzten zur Räumung von Land folgen dürfen, und hoffen, dass religiöse Soldaten den Befehl verweigern werden. Dass solche Befehlsverweigerung die Sicherheit der Soldaten und des Staates Israel gefährden könnte, kümmert sie nicht.

Im demokratischen Staat Israel ist natürlich jedermann berechtigt, die Regierung zu kritisieren, und jedermann kann sich dabei auch auf die Halacha stützen. Jedoch ist es verboten, zum Töten von Arabern oder zur Befehlsverweigerung aufzurufen. Laut israelischem Gesetz können diese Verbrechen mit langjährigen Gefängnisstrafen geahndet werden. Wenn der israelische Staatsanwalt aber in oben genanntem Fall keine Anklage erhoben hat, weil eine solche zu Unruhen unter den fanatisierten Anhängern dieser Rabbiner geführt hätte, so zeigt das die Grenzen des Rechtsstaates sehr deutlich.

Außerdem ist es unmoralisch, Soldaten zur Befehlsverweigerung aufzurufen, denn würde ein Soldat tatsächlich einen Befehl nicht befolgen, so würde man ihn und nicht den Rabbiner mit der ganzen Härte des Gesetzes bestrafen.
Während die Entscheidung, welche das Übergeben von Land verbietet und Soldaten zur Befehlsverweigerung aufruft, von vielen Rabbinern und öffentlich unterzeichnet wurde, sind weitere Entscheidungen von Rabbinern gefällt worden, die nicht den Mut haben, ihre Identität aufzudecken. Sie bevorzugen die Anonymität und eine „Halacha im Untergrund". Einer dieser Rabbiner machte zwar vor dem Mord an Rabin seine Entscheidung öffentlich, leugnete diese jedoch nach dem Mord ab.
Drei Rabbiner fragten im Frühjahr 1995 in einem Brief, ob der Begriff „Din Mosser", ein Ausdruck, der von Gelehrten im Mittelalter geschaffen wurde, auf die israelische Regierung bzw. auf deren Chef angewendet werden könne. Mosser war ein jüdischer Spitzel, der zur Zeit, als Juden verfolgt wurden, andere Juden oder deren Vermögen an Nichtjuden übergab. Der Mosser, der sein Gewerbe ja nicht offen betrieb, durfte ohne Gerichtsurteil getötet werden. Bedingung war, dass Menschen unmittelbar gefährdet waren. Die Rabbiner haben ihren Brief an dutzende Rabbiner in Israel, darunter die beiden Oberrabbiner, den „Rat der Weisen der Thora" (Schass), den „Rat der Großen der Thora" (Agudat Israel) und die Rabbiner der großen Städte gerichtet. Sie fragten: „Welches Urteil verdient diese schlechte Regierung und der an ihrer Spitze steht?" Im Brief wurde folgende Entscheidung des Rambam (Maimonides) erwähnt:
„Überall ist es erlaubt, einen ‚Mosser' zu töten. Es ist auch erlaubt, ihn vor der Messira [Übergabe] zu töten. Schon als er sagte, ich werde jemand, seinen Körper oder sein Gut übergeben, hat er sich des Todes schuldig gemacht, und man verwarne ihn und sage, übergebe nicht – und wenn er frech sagt, nein, ich werde übergeben, dann ist es ein Gebot, ihn zu töten, und jeder, der ihn früher tötet, hat gewonnen [...] und in den Städten des Westens darf man die Mossrim den Heiden übergeben, damit sie für ihre Sünde getötet oder verwahrt werden."
Kann man eine Regierung und den Ministerpräsidenten, die das Abkommen von Oslo dem Parlament unterbreitet haben, unter diesem

Punkt verurteilen oder anklagen? Die Entscheidung des Rambam – daran kann es keinen Zweifel geben – bezog sich selbstverständlich auf die Diaspora, in der Juden zu dieser Zeit fast schutzlos lebten. Ein Jude, der einen anderen Juden oder dessen Gut damals Nichtjuden übergab, wurde von seiner Gemeinschaft als Verräter gesehen. Man durfte ihn töten oder den nicht jüdischen Richtern übergeben. In der damaligen Lage der Juden war das ein Akt der Selbstverteidigung. Die Versuchung, leicht Geld zu verdienen oder/und sich bei den Behörden beliebt zu machen, war ja groß. Der Mosser hat ja auch tatsächlich andere Menschen aufs Äußerste gefährdet.
Aber wie konnten diese Rabbiner zur Meinung kommen, den souveränen Staat Israel, in dem Juden nicht von der Willkür anderer abhängig sind, mit der Diaspora des Mittelalters zu vergleichen? Das ist schwer verständlich.
Wenn also diese Rabbiner die gewagte Hypothese aufgestellt haben, die Übergabe von eroberten Gebieten an „Heiden" sei gleichzusetzen mit der Übergabe der Güter eines Juden durch einen Mosser, so sind es ja die Güter des Staates Israel, die da übergeben werden; und ein Staat – der von einer Regierung geführt wird – macht mit seinen Gütern oder mit seinem Geld, was er für richtig und für notwendig hält. Wenn nun der Staat laut diesen Entscheidungsträgern der Halacha sich irrt, bedeutet das nicht, dass die Regierung zum Mosser wird. Auch wenn „Große der Thora" entscheiden, dass man keinen Fußbreit des Landes Israel Nichtjuden übergeben darf, ist ein offener und demokratisch von der Knesset bestätigter Vorgang kein Akt der Messira und kann nicht verglichen werden mit dem Fall eines kleinen Kriminellen, der seine Mitbrüder um ein paar Silberlinge verkauft. Nach dem Mord an Rabin haben die Empfänger dieses Briefes versucht, ihre Hände in Unschuld zu waschen und lautstark erklärt, sie hätten kein Blut vergossen.
Jigal Amir, der Mörder Rabins, berief sich nach seiner Tat auf „Din Mosser" und „Din Rodef". Ein „Rodef" (Verfolger) gefährdet das Leben eines Juden und darf unter gewissen Umständen getötet werden. Der Rambam entschied: „Wenn der Verfolger seinen Mitmenschen verfolgt, um ihn zu töten, so ist allen Juden befohlen, den Verfolgten aus den Händen des Verfolgers zu retten, sogar wenn es das Leben des Verfolgers [kostet]." Das bedeutet, wenn man sieht, dass

jemand einen Menschen töten will, ist man verpflichtet, ihn daran zu hindern, sogar wenn dabei der potentielle Mörder getötet wird. Damals wie heute ist eine solche Tat nur in äußerster Notlage erlaubt.
Es ist äußerst schwierig, die Gedanken von Jigal Amir – eines Studenten der Rechte an der religiösen Bar-Ilan-Universität – nachzuvollziehen, der Din Rodef auf einen amtierenden Regierungschef bezogen hat. Wer wurde denn verfolgt? Nehmen wir an, das Friedensabkommen mit den Palästinensern gefährdete Menschenleben, so war ja die Gefahr nicht unmittelbar, es gab keinen Verfolgten, dessen Leben unmittelbar bedroht war. Es gehört eine große Portion Rabulistik dazu, in dieser Lage aus dem demokratisch gewählten Regierungschef einen Verfolger zu machen.
Doch wenn schon ein oder mehrere Rabbiner laut Aussagen des Mörders entschieden, Rabin sei ein Verfolger, so brauchten sie doch, um zu irgendeiner Entscheidung zu kommen, Zeit zum Überlegen. Wer aber Zeit zum Überlegen hat, befindet sich in keiner Notwehrsituation. Deswegen war die Entscheidung der Rabbiner ein Widerspruch in sich.
Mit solchen unsinnigen – in einer fanatischen nationalreligiösen Atmosphäre entstandenen – Entscheidungen heizen diese Rabbiner die schlimmsten Triebe ihrer Anhänger an, mit Gewalt die Gebiete zu verteidigen. Dazu kommen noch verbale Ausfälle gegen eine demokratisch gewählte Regierung bzw. gegen den Justizapparat.
Die zuvor gegenüber den Sympathisanten des Massenmörders Baruch Goldstein gezeigte Toleranz der Behörden hatte die Extremisten unter den Rabbinern nur noch mehr ermuntert. Wer erwartet hatte, dass spätestens nach dem Mord an Rabin die israelische Regierung energisch gegen die Schreibtischtäter vorgehen würde, die dem Mörder die Begründung seiner Tat ermöglichten, der wurde schwer enttäuscht. Man versuchte den Einfluss dieser Extremisten auf einen Teil der Gesellschaft zu leugnen und fürchtete sich, gegen Rabbiner, die sich immer wieder auf die heiligen Schriften beriefen, vorzugehen.
Diese Gruppen sind nicht nur „fundamentalistisch“. Die Mitglieder von Gusch Emunim, die sich weiter zu den Ideen des „jüdischen Untergrunds“ bekennen, wurden von der messianischen Ideologie des Rabbiner J. Z. Kook beeinflusst. Sie alle haben sich in der Politik en-

gagiert und sie wollten die Politik beeinflussen. Ihre Gewaltanwendung ist zwar religiös motiviert, aber in ihren Absichten und Zielen politisch, sie sehen überhaupt keinen Unterschied zwischen Religion und Politik, sondern setzen die beiden gleich, natürlich im Sinne Gottes und der Tradition.
Bereits Anfang der Neunzigerjahre forderten verschiedene Wissenschaftler, die sich mit dem Phänomen des jüdischen Terrors beschäftigten, diesen nicht anders zu behandeln als den arabischen Terror. Sie wiesen auf die Gefahr hin, dass sonst die Grundlagen der Demokratie langsam, aber konsequent aufgerieben werden könnten.
Leider haben die zuständigen Behörden diese und andere Warnungen nicht ernst genommen, und auch der Mord am israelischen Ministerpräsidenten hat nicht zu einem ernsthaften Umdenken geführt. Erst Anfang 1999 führte der israelische Sicherheitsdienst einen Kurs über „Messianismus und religiösen Radikalismus in Israel“ ein.
Nach dem siegreichen Sechstagekrieg 1967 wurde das Prinzip des Volkes, das „abgesondert wohnt und andere Völker nicht berücksichtigt“ (4 Mose 23, 9) von orthodoxen rechtsextremen Gruppen aggressiv als Vollmacht zu normwidrigem Benehmen gedeutet. Das internationale Recht, die öffentliche Meinung, die Vereinten Nationen, die Großmächte, all das zählt nicht für diese Gruppen und ihre Anhänger.
Diese Extremisten vertreten sicher nicht das Judentum, aber sie sind in der israelischen Gesellschaft leider nicht isoliert. Gerade weil sie sich auf die Halacha berufen können, finden sie auch außerhalb ihres Kreises Zustimmung. Das dürfte mit eine Ursache dafür sein, dass nur sehr wenige gemäßigt Orthodoxe gegen diese Extremisten Stellung beziehen, denn sie fürchten, man würde ihnen das als Respektlosigkeit gegenüber den „Großen der Thora“ auslegen, auf die sich die Fundamentalisten berufen. Freilich kann man argumentieren, dass diese Fanatiker nicht den Geist des Judentums und den Geist der Thora vertreten, und man kann natürlich unzählige Zitate finden, die menschenfreundlich und humanistisch sind, Zitate, die von den Fundamentalisten nicht geleugnet werden: Sie meinen nur, für die aktuelle Lage seien diese bedeutungslos. Dagegen hilft auch das Gesetz gegen „Rassismus“ nicht, denn die Ultraorthodoxen sind keine Rassisten im engen Sinn des Wortes, sie erkennen durchaus die

Möglichkeit an, unabhängig von der Abstammung zum Judentum überzutreten.
Wissenschaftler helfen diese Probleme zu bewältigen, indem sie den historischen Kontext der tatsächlich menschenfeindlichen Zitate aus den Schriften erklären. Und auch die religiösen Autoritäten hätten eine Aufgabe, wenn man ihnen klarmachen könnte, dass sie eindeutig für Vernunft und Menschlichkeit eintreten müssen. Der aschkenasische Oberrabbiner Jitzchak Herzog gab vor der Errichtung des Staates Israel dafür ein leuchtendes Beispiel, als er entschied, dass all jene Teile der Halacha, die den Fremden im Land nicht gleichberechtigt behandeln, nicht mehr gültig sind. Er argumentierte mit dem Prinzip der Nützlichkeit und mit historischer Relativität und fragte: „Was sollen wir tun? Sollen wir den Nationen sagen, wir können diese Bedingung [der Gleichheit aller Einwohner] nicht akzeptieren, weil unsere heilige Thora einer jüdischen Regierung verbietet, den Aufenthalt von Götzenanbetern und ihren Kult in unserem Land zu dulden …? Mir scheint, es wird sich in Israel kein Rabbiner mit Hirn und mit einem geraden Verstand finden, der meint, wir müssten eine solche Antwort geben, d. h., dass die heilige Thora uns zu solch einer Antwort verpflichtet.“
Leider beziehen die meisten Orthodoxen in den letzten Jahrzehnten ganz andere Positionen. Es ist paradox, wenn auch nicht zionistische Bewegungen wie Chabad, deren letztes Oberhaupt es ablehnte, Israel zu besuchen, und Agudat Israel – die beide die Idee einer israelischen Nation bekämpfen – trotzdem lauthals fordern, dass Israel mit seinen Nachbarn keinen territorialen Kompromiss eingeht und sich dabei natürlich auf die Halacha berufen.
Müssen Orthodoxe extremistisch sein? Keinesfalls, gerade die Vorgänger der Nationalreligiösen hatten während der britischen Herrschaft über Palästina bewiesen, dass man sehr gemäßigte Positionen einnehmen und sich dabei auch auf Zitate aus den heiligen Schriften stützen kann. Zum Beispiel ist das Retten von Menschenleben einer der höchsten Werte der Halacha. Aber wenn auch die meisten Hüter der Halacha sich weigern, die Extremisten in ihren Reihen zu kritisieren, so darf man sie doch an den Pragmatismus einiger großer Rabbiner unseres Jahrhunderts erinnern. Und dabei geht es nicht nur um das Image Israels, um sein Verhältnis zu den Nationen, sondern

vor allem um den inneren Zusammenhalt der israelischen Gesellschaft.
Vielleicht auch deswegen zitieren einige heute lebende „Großen der Thora“ in ihren Hetzreden gegen die säkulare Mehrheit gerne den Rambam, der meinte, dass die Ketzer (Epikorsim) getötet werden müssen und dass diese keinen Anteil an der kommenden Welt haben. Ganz anders dachte darüber Oberrabbiner A. J. Kook, der meinte, dass die säkularen Zionisten seiner Zeit nicht gleichzusetzen seien mit Ketzern.
Wahrscheinlich wären die heutigen religiösen Autoritäten nur dann zu solch einer pragmatischen Haltung bereit, wenn ihnen die säkularen Politiker keine andere Wahl ließen und wenn der Staat Israel konsequent seine eigenen Gesetze – auch gegenüber zum Mord hetzenden Rabbinern – durchsetzen würde. Dann bestünde die Chance zur Zurückdrängung der fundamentalistischen Gewalttäter.
Aber wir dürfen uns keine Illusionen machen. Die Idee der religiösen Toleranz ist eine moderne Idee, die von Baruch de Spinoza, von John Locke und John Stuart Mill befürwortet wurde. Dieses Ideal kann in den heiligen Schriften des Judentums nicht gefunden werden. Doch die Mehrheit aller Juden hat diese Haltung als die einzig mögliche und wünschenswerte in einer pluralistischen Gesellschaft akzeptiert.

Orthodoxe Reaktionen auf den Mord an Rabin
Auszug aus dem Diskussionsprotokoll einer Zusammenkunft religiöser Zionisten in Jerusalem vier Tage nach der Ermordung Rabins, das die Bandbreite verschiedener Reaktionen im nationalreligiösen Lager zeigt. Rabbiner Jehuda Amital – heute führendes Mitglied von Meimad, einer mit der Arbeitspartei verbündeten, gemäßigt orthodoxen Bewegung – erhob folgende Forderungen:

1. „Man muss aufhören, die Halacha für politische Zwecke zu benützen.“
2. „Man muss aufhören, verschiedene Meinungen innerhalb des religiösen Zionismus zu delegitimieren.“
3. „Man muss aufhören, die demokratisch gewählte Regierung zu delegitimieren.

   Man kann über den Weg streiten, man kann demonstrieren und

protestieren, aber man muss eine gewählte israelische Regierung respektieren, wie es der religiöse Zionismus seit seinem Entstehen immer getan hat."

4. „Man muss aufhören, die Regierung zu dämonisieren."
5. „Man muss aufhören, die Regierungsmitglieder zu verfluchen und zu beschimpfen."
6. „Man muss aufhören, die nicht religiöse Öffentlichkeit, die den Friedensprozess unterstützt, zu verleumden, als ob es sich um eine Öffentlichkeit ohne Werte handelte [...] Hier geht es nicht um bedingungslose Liebe, sondern um Liebe zu vielen Menschen, die diese von ganzem Herzen verdienen."

Im Gegensatz dazu sagte Rabbiner Menachem Felix von der Siedlung Alon More, der seine Tochter bei einem Terroranschlag verloren hatte, vor dem gleichen Forum u. a.:

„Ein Mord ist ein Mord, und es ist ein verrückter und verabscheuungswürdiger Mord [...] Und nachdem ich dies vorausgeschickt habe, glaube ich nicht, dass wir bereuen müssen. Denn die einzige Wahrheit ist – das Land Israel ist unser, ganz unser. Eine Übergabe von Teilen des Landes unter eine fremde Herrschaft, unter die Herrschaft der Ismaeliten [so bezeichnet er die Palästinenser] ist Vernichtung [...] Es ist Vernichtung, über die man trauert. Ich denke nicht, dass man da zurückweichen muss. [...] Man muss auf den [extremen] Rand aufpassen, aber auch massiv und öffentlich der großen Gegnerschaft Ausdruck verleihen, die es gegen die Maßnahmen dieser Regierung gibt, und überhaupt gegen die Existenz einer Regierung, die durch die Gnade derjenigen herrscht, die Israel hassen." (Hier wird darauf angespielt, dass die Regierung Rabin auch von arabischen Knesset-Abgeordneten unterstützt wurde. Es ist eine Ironie der Geschichte, dass Netanjahu sich bei der letzten Budgetabstimmung ebenfalls auf die arabischen Abgeordneten gestützt hat.)

Nachbemerkung

Rabbiner Joel Ben Nun, den vielleicht als einziges Mitglied von Gusch Emunim eine Freundschaft mit dem ermordeten Ministerpräsidenten Rabin verband, wies bei dieser Zusammenkunft darauf hin, dass der Mörder Rabins an die Autorität einiger Rabbiner geglaubt

hat und von diesen auch ermuntert wurde. Er verwahrte sich dagegen, dass der Mörder nun als „Wildwuchs“, d. h. als jemand dargestellt wurde, der allein für seine Tat verantwortlich ist. Ben Nun prangerte die geistigen Hintermänner des Mörders an und meinte u. a.:
„Halacha muss es auf allen Gebieten geben, aber es gibt keinen Rabbiner, der die Halachot [Mehrzahl von Halacha] des Staates gelernt hat, denn wir haben keine Tradition der Entscheidungen. Das ist nicht wie die Halachot des Schabbat, der Kaschrut und auch nicht der Reinheit der Familie. Und wer dazu seinen Befähigungsnachweis erhielt und anfängt, in der Sache der politischen Macht Entscheidungen zu treffen, der ähnelt einem Zahnarzt, der darangeht, das Hirn oder das Herz zu operieren, lediglich weil er den Titel Doktor trägt. Das kann nicht erlaubt werden.“
Anfang Dezember 1995 forderte das Knesset-Mitglied Schaul Jehalom von der National-Religiösen Partei die Rabbiner auf, die Einladung der Polizei zum Verhör nicht zu befolgen. Obwohl die Polizei nach dem Mord an Rabin einige Rabbiner verhört hatte, die explizit oder implizit zum Mord aufgerufen haben, kam es zu keiner Anklage.
Rabbiner Jaakov Ariel gab der orthodoxen Zeitschrift „Kfar Chabad“ am 7. 12. 1995 ein Interview, in dem er gegen „die Hetze gegen die religiöse Öffentlichkeit“ auftrat und argumentierte, dass die Schritte der Regierung in Richtung Frieden „gefährlich und schlecht“ seien. Er meinte: „Wir, die Rabbiner Israels, hatten und haben Angst vor den gefährlichen Schritten der Regierung. Das, was hier geschehen ist, kann an Schlechtigkeit nicht übertroffen werden […] Seit dem Mord an Rabin gibt es hier eine schreckliche Hetze gegen die religiöse Öffentlichkeit, so weit, dass mich das bei allem Unterschied an die Kristallnacht erinnert, die ja auch nach einem Mord passierte. Die Hetze kommt nur von den Linken, der ‚Intelligenzija‘ der Linksextremen, die hetzen gegen uns.“
In den USA argumentierte Mitte Oktober 1995 Rabbiner Korf, der Leiter der Chabad (Lubawitscher) Chassidim in Florida, die 29 Erziehungsinstitute unterhalten, dass Ministerpräsident Jitzchak Rabin mit dem Titel „Feind“ belegt ist, und deswegen gelte auch für ihn das Prinzip, wenn „jemand aufsteht und dich ermorden will, stehe früher auf und töte ihn“. Korf sagte, er würde es nicht bedauern, wenn es

einen Anschlag auf das Leben des Regierungschefs gäbe und betonte, die Geschichte werde es Rabin und Peres nicht verzeihen, „dass sie etwas zurückgeben, was nicht ihnen, sondern dem jüdischen Volk gehört".
Der angesehene New Yorker orthodoxe Rabbiner Abraham Hecht erklärte Mitte Juni 1995, die Aufgabe irgendeines Teiles des Landes Israel sei ein Vergehen gegen die Halacha, und so sei es erlaubt und notwendig, Rabin und alle seine Helfer zu töten. Am 9. Oktober 1995 beantwortete Rabbiner Hecht im „New York Magazine" die Frage, ob jemand aus seiner Erklärung vom Juni den Schluss ziehen könne, dass er das Recht habe, Rabin zu töten: „Ich habe doch nur gesagt, dass gemäß dem jüdischen Gesetz jede Person – nehmen Sie, wen Sie wollen –, die willentlich, bewusst und absichtlich Menschen oder Eigentum oder den menschlichen Reichtum des jüdischen Volkes einem fremden Volk überantwortet, sich der Sünde schuldig macht, die unter Todesstrafe steht."
Nach dem Mord an Rabin wurde Hecht mit einem Einreiseverbot nach Israel belegt, das im März 1998 vom damaligen Innenminister Eliahu Suissa von der ultraorthodoxen Schass-Partei wieder aufgehoben wurde.

12.4 „Sie revoltieren gegen das demokratische System"

Gespräch mit dem Rechtsanwalt *Moshe Negbi* am 20. 4. 1999 in Jerusalem. Seit 1981 ist er Mitarbeiter des israelischen Radios und gestaltet seit einigen Jahren ein wöchentliches Programm über Recht und Gleichheit, das mit einer Reihe von Preisen ausgezeichnet wurde, so 1998 mit dem Sokolovpreis (der als israelischer Pulitzerpreis gilt). Negbis Radioprogramm wurde 1999 abgesetzt, doch ist die Sache noch nicht endgültig entschieden. Er lehrt an der Universität Jerusalem und ist Mitarbeiter der Tageszeitung „Maariv".

Gibt es einen Widerspruch zwischen Halacha und den säkularen Gesetzen?
Ich bin kein Fachmann für Halacha, doch es kommt nur darauf an, wie man diese kommentiert. In der Halacha finden wir alles. Einerseits: Demokratie, Rechtsstaat, Menschenrechte, die Liebe zum Menschen, weil er ein Mensch ist, das Verbot, dem Fremden Schaden zuzufügen. Anderseits: Rassismus, Chauvinismus, Tyrannei. Die wichtigere Frage ist, ob man die Halacha zu einem persönlichen Glauben macht und akzeptiert, dass die gesellschaftlichen Regeln von den säkularen Autoritäten bestimmt werden und damit jeder glauben kann, was er will, oder ob man der Halacha einen staatlichen und gesetzlich verpflichtenden Status gibt. Im religiösen Establishment wird die Halacha autoritär, chauvinistisch und fundamentalistisch kommentiert. Das gefährdet die Demokratie und ist auch eine absolute Verzerrung des Zionismus. Wer die zionistische Idee von ihrem Anfang an kennt, kann das bestätigen. Diese Idee ging davon aus, dass die Religion eine Privatangelegenheit bleibt und ihr Platz in der Synagoge ist, wie der eines Soldaten in der Kaserne. Das ist authentischer Zionismus.
Weshalb ist es anders gekommen?
Die religiösen Körperschaften haben nicht erst seit heute staatliche Autorität, aber ihr Einfluss wird in letzter Zeit immer stärker. Wir haben zwei Probleme. Einerseits die Erziehung: Die Mehrheit sieht die Gefahr nicht, denn – und ich muss da etwas Schreckliches aussprechen – nach 50 Jahren sind in Israel zwei Generation gewachsen, die nie eine Erziehung zur Demokratie erhalten und auch wenig Ahnung von Demokratie haben. Sie verstehen die Demokratie lediglich als eine Technik der Herrschaft einer Mehrheit. Andererseits das Justizsystem, das Schwäche zeigt bei der Verfolgung des religiösen Fanatismus, wenn er sich gesetzwidrig äußert und die Demokratie untergräbt. Wir sehen dies sogar im extremen Fall des „Din Rodef“ und „Din Mosser“ bei der Ermordung des Regierungschefs Jitzchak Rabin. Es wurde nicht ernsthaft versucht, die Rabbiner ausfindig zu machen, die „Din Rodef“ gegen den Ministerpräsidenten erklärt haben, und sie vor Gericht zu stellen. Man erlaubt Rabbinern, die im Namen der Religion zum Mord hetzen, frei herumzulaufen. Ein herausragendes Beispiel dafür ist Rabbiner Jitzchak Ginsburg, der das

Buch „Baruch hagever“ mit verfasste. Es ist absurd, ma stellt diejenigen vor Gericht, die dieses Buch verbreiten, die Verfasser dieser Texte lässt man aber ungeschoren.
Im Judentum gibt es zwei Seelen, eine fundamentalistische und eine liberale. Doch wir als Staat dürfen nicht davon abhängen, welche Seele siegt. Denn leider haben – nicht nur bei uns – die Fanatiker mehr Erfolg. Es ist ein sehr ernstes Problem, dass es in Israel bis heute keine Verfassung gibt. Aber es waren nicht die religiösen Parteien, die eine Verfassung verhindert haben, sondern es war Ben Gurion, der dies auch aus Gründen der Bequemlichkeit tat. Er und sein politisches Lager gingen von einer übertriebenen Zuversicht aus, auch in Zukunft alles bestimmen zu können. Ben Gurion hat seine Haltung später bereut, doch es war zu spät. Bereits 1970 schrieb er Leserbriefe, in denen er sich gegen die Errichtung eines Staates der Halacha aussprach und seine Kompromisse mit den Religiösen bedauerte.
Einige wenige Haredim gehen bereits zur Armee, und schon aus ökonomischem Zwang würden viele gern arbeiten. Sehen Sie irgendeine Verbesserung im Verhalten der Haredim zum Staat?
Wenn die Haredim einen derartigen Schritt setzen, tun sie das aus pragmatischen Gründen, sie haben keine andere Wahl und so können sie mehr Vorteile für sich herausholen. Es geht darum, dass die Haredim die Regeln akzeptieren. Wenn sie das nicht freiwillig tun, muss man sie dazu zwingen, wie jeden anderen Bürger auch. Sie müssen die Gesetze und die Gerichte, die aufgrund dieser Gesetze funktionieren, respektieren und anerkennen. Es gibt nichts in der Religion, was dem widersprechen würde. Tatsache ist, dass die Haredim in Brooklyn, New York, die nicht weniger orthodox sind, die Gesetze der USA sehr wohl respektieren. Die Haredim in Brooklyn haben – als es in den USA eine Militärdienstpflicht gab – keine Sonderrechte verlangt. Wenn das Gesetz ihnen Erleichterungen gewährt, dann ist das etwas anderes.
Aber sie schmeißen auch keine Steine am Schabbat?
Nein, sie schmeißen keine Steine, nicht nur, weil sie Angst vor der Polizei haben, sondern weil sie die Gesetze der USA verinnerlicht haben. Natürlich gibt es in Israel auch streng orthodoxe Menschen, die keine Probleme haben, die Gesetze des Staates Israel zu akzeptieren.

Über die Einhaltung von Gesetzen darf man nicht verhandeln. Demokratie ist absolut. Nur wer die Regeln akzeptiert, darf sich am System beteiligen. Wer Gesetze bricht, muss ohne Unterschied bestraft werden. Der Militärdienst der Haredim kann nicht davon abhängig gemacht werden, ob sie einverstanden sind. Das korrumpiert die Demokratie und den Rechtsstaat und schafft Diskriminierung. Fragt mich jemand, ob ich im Militär dienen will? Kein Mensch fragt mich und keiner verhandelt mit mir darüber. Und wenn sich jemand nicht zum Dienst meldet – und sei es aus ideologischen Motiven, wenn er sagt, die Armee hat in Nablus nichts zu suchen und er möchte dort nicht Rabbiner Ginsburg verteidigen –, dann befindet er sich bald im Militärgefängnis. Weshalb sollte man also diesbezüglich mit den Haredim verhandeln? Da verzichtet doch die Demokratie auf ihr Recht, und das hat nichts mit Gewissensfreiheit zu tun.

Weshalb gibt es diesen heftigen Widerstand gegen die Gesetze des Staates Israel und wieso beteiligten sich die Haredim, aber auch ein Teil der Nationalreligiösen, an einer Massendemonstration gegen das Oberste Gericht? Wieso greifen staatlich besoldete Rabbiner das Rechtssystem so heftig an?

Hier geht es nicht um die Beschaffenheit des Obersten Gerichts, über die man diskutieren kann. Gültige Gesetze müssen respektiert werden. Doch die Haredim diskutieren auch darüber, ob das Gericht überhaupt die oberste Autorität ist. Sie sagen, sogar wenn das Gericht jemanden verurteilt und unser Rabbiner sagt, dieser sei unschuldig, dann ist er unschuldig.

Wir haben hier eine Sekte bzw. revoltierende Gruppe. Man hat das auch bei Chomeini nicht richtig verstanden. Man glaubte es mit einem politischen Oppositionellen zur Herrschaft des Schahs zu tun zu haben. Er war kein politischer Oppositioneller, er hat das ganze System abgelehnt. Ein Teil seiner Unterstützer hat dies erst verstanden, als es schon zu spät war. Das Gleiche gilt für die fundamentalistischen Bewegungen in der Türkei, in Algerien, Ägypten usw.

Das Problem ist also nicht, ob ein Einkaufszentrum am Schabbat geöffnet ist oder nicht, sondern es geht darum, ob man die Autorität der Institutionen akzeptiert oder nicht.

Die Mehrheit steht dem offensichtlich gleichgültig gegenüber.

Ich glaube nicht, dass die Öffentlichkeit gleichgültig ist, im Gegenteil, man ist hier hellwach. Trotzdem bin ich pessimistisch. Ich denke, dass ein großer Teil die Sache nicht versteht, und deswegen ist es leicht, sie für nebensächliche Diskussionen zu begeistern, und da findet man immer einen Kompromiss, wie Transport oder kein Transport am Schabbat, die Durchfahrt auf der Bar-Ilan-Straße in Jerusalem usw.

Das zweite Problem ist das Versagen des Justizsystems, das Schwäche ausstrahlt gegenüber allem, was im Namen der Religion geschieht. Rabbiner, die zum Mord hetzen, rührt man nicht an.

Warum?

Weil sie viele Unterstützer haben und man deswegen Angst hat. Aber eben weil es viele gibt, ist die Hetze gefährlicher. Wenn man sich fürchtet, gegen die schlimmsten Hetzer, die schon zum Mord am Regierungschef aufgerufen oder diesen für berechtigt gehalten haben, vorzugehen, dann kommt die Demokratie in Gefahr. Ich las, dass der Tag, an dem ein deutscher Richter Angst hatte, einen nazistischen Schläger mit der gleichen Strafe zu belegen wie zuvor einen kommunistischen Schläger, der Tag war, an dem die Weimarer Republik starb. Wir haben es hier in Bezug auf religiösen Fundamentalismus mit einem ähnlichen Phänomen zu tun.

13. Die Schoa

Und was wäre das für ein Gott, der Auschwitz zugelassen hätte? Nun? Würden Sie nicht seinen Namen beflecken, wenn Sie einräumen würden, dass er das zugelassen hat? Und wäre es nicht frömmer (jawohl frömmer, ich sage: frömmer) zu sagen, kein Gott hätte das zugelassen? Und wäre es nicht ehrfürchtiger (jawohl, ich sage: ehrfürchtiger) einzuräumen, dass es ihn nicht gebe, weil so unbarmherzig ein Gott, vor allem ein Gott der Liebe, nicht hätte sein können?

Günther Anders, Ketzereien

Viele tausende Bücher wurden über die Schoa (das hebräische Wort für Katastrophe) geschrieben. Und wenn auch in unseren Breitengraden schon seit Jahrzehnten der Ruf nach dem Schlussstrich laut wird, zeigen gerade die Ereignisse der letzten Zeit, wie sogar Politiker, die sich diesen Schlussstrich sehnlichst wünschen, immer wieder die Schoa zur Rechtfertigung bestimmter Handlungen heranziehen.

Der Umgang der Juden mit der Schoa wurde ebenfalls von vielen Autoren beleuchtet und bis heute immer wieder diskutiert. Hier kann nur ein kleiner Teilaspekt dargestellt werden.

In seinem Buch „Der Gottesbegriff nach Auschwitz" meinte Hans Jonas, Gott sei entweder allmächtig oder gütig. Derartige Zweifel und Fragen plagen die Ultraorthodoxen nicht. Sie allein glauben den Sinn der Schoa erkennen zu können. Die Heftigkeit, mit der sie die Assimilation der Juden bzw. die Reformbewegung oder gar den Zionismus für die Schoa verantwortlich machen, kann nur verstanden werden, wenn man weiß, dass einige ihrer wichtigsten Rabbiner – oft auch noch während der nationalsozialistischen Herrschaft – predigten, Gott zu vertrauen und ja nicht den Weg zur Flucht zu beschreiten, selbst aber ihre Herden im Stich ließen und flüchteten.

Der Belser Rabbiner und sein Bruder flüchteten aus Polen nach Ungarn, das sie einen Monat vor der deutschen Besetzung – im Februar 1944 – verließen. In einer Rede versicherte der Bruder des Rabbiners ihren Anhängern in Budapest, es könne ihnen gar nichts passieren, wenn sie nur das Gesetz achteten. Der Szatmarer Rabbiner, der sich schon immer gegen die „gottlosen“ Zionisten und die Auswanderung aussprach, verließ mit seiner engeren Familie Ende Juni 1944 mit dem vom Zionisten Rudolf Kastner organisierten Transport Budapest Richtung Schweiz. Nach dem Krieg setzte der Szatmarer Rabbiner von New York aus die Agitation gegen die Zionisten und den Staat Israel fort. Andererseits gab es auch Rabbiner, die ihre Anhänger zur Flucht vor den Nazis beziehungsweise zum Widerstand aufforderten. Der chassidische Rabbiner Schlomo Teichthall gab noch vor der deutschen Besetzung Ungarns in Budapest ein Buch heraus, mit dem er hoffte, die Haredim zu überzeugen, dass der einzige Ausweg der Juden die Auswanderung nach Palästina wäre. Andere chassidische Rabbiner griffen das Buch an und es hatte auch deswegen keine Wirkung.

Wie erklären Ultraorthodoxe die Schoa? Allen gemeinsam ist, dass sie einfach und entschieden behaupten, diese sei eine Strafe des Himmels, die aufgrund einer direkten Entscheidung Gottes erfolgte. Laut ihrer Auffassung können solche gewaltigen Taten nicht lediglich von Menschen initiiert und durchgeführt werden. Alle Versuche, diese Taten nicht einer direkten Intervention Gottes zuzuschreiben, werden als Ketzerei gebrandmarkt. Selbstverständlich wird deswegen nicht die Verantwortung der Bösen aller Nationen beziehungsweise das Maß des Verbrechens herabgemindert. Vom ultraorthodoxen Standpunkt aus zeigt dieses Verbrechen nicht nur den „Hass der Völker gegen Israel“, sondern – vor allem – eine bösartige Leugnung Gottes und eine Revolte gegen seine Lehre. In der Schoa sehen sie die Idee der Erwählung Israels und einen absoluten Gegensatz zwischen Israel und den anderen Völkern bestätigt. In ihren Augen gibt es keinen Widerspruch zwischen dem Verständnis der Schoa als Folge einer direkten göttlichen Intervention und gleichzeitig als das schlimmste Verbrechen gegen das Volk Israel. Die Tatsache, dass dies eine göttliche Entscheidung war, befreit die Nazis und ihre Helfer nicht von ihrer Verantwortung für ihre furchtbaren Verbrechen. Es ist eine weit verbreitete ultraorthodoxe Auffassung, dass die Schoa eine Strafe für die seit der Aufklärung und Emanzipation der Juden erfolgte Säkularisierung und Assimilierung ist. Die Schoa beweist den Ultraorthodoxen einerseits, dass die jüdischen Richtungen, die nach der Emanzipation auf den Humanismus bauten, lediglich Betrug und Falschheit waren, welche die heidnische Bosheit hervorbrachten; andererseits bezeugt die Schoa, dass Gott auf sein Volk achtet und sich in dessen Schicksal einmischt.

Ein Beispiel für dieses Erklärungsmuster finden wir in der hebräischsprachigen Broschüre „Glaube und Wissenschaft" (1976/77), in der „seine Heiligkeit, unser Herr, Lehrer und Rabbiner aus Lubawitsch" zur Schoa befragt wird. Hier eine Zusammenfassung des Dialogs:

„Wie konnte die schreckliche Vernichtung von sechs Millionen Juden geschehen; wenn Gott bestraft, dann doch ‚Maß gegen Maß'?

Wenn man Gott als ‚Richter der ganzen Welt' anerkennt, das heißt, dass er die Taten von Millionen Menschen beurteilt und leitet, dann akzeptiert man damit, dass der einzelne Mensch nicht immer die Logik seiner Urteile verstehen kann.

Aber wenn wir davon ausgehen, dass Gott gerecht ist – auch wenn wir ihn nicht verstehen –, wie kann man die Schoa erklären?

Bei allem Schmerz in dieser Tragödie ist es klar, dass ‚Nichts Schlechtes von oben herunterkommt' und im Schlechten und im Leid ein geistiges Gut und Erhabenes verborgen ist. Man muss verstehen, dass Körper und Seele verschieden sind. Was den Körper verletzt, muss nicht unbedingt die Seele berühren. Im Gegenteil, es existiert die Möglichkeit, dass eine physische Verletzung gut und eine Rettung für die Seele ist. Beispielsweise wird jeder Chirurg ein vergiftetes Glied amputieren, wenn Gefahr besteht, dass der ganze Körper vergiftet wird. ‚Gott weiß, was er vor sich hat, und er will den Vorteil Israels, es ist doch klar, alles, was er getan hat, hat er gut getan.'

Warum – wenn das so ist – wurden dann aber auch die Besten des haredischen Judentums ermordet?

Am Anfang versucht man mit einer leichten Strafe einen Zögling zu bessern. Wenn diese aber nicht hilft, dann ist der Erzieher genötigt, härter zu strafen. Damit die Strafe effektiv ist, wird der Mensch ins Gesicht geschlagen, wo das Wesentliche des Menschen ist, auch wenn er die Tat mit den Händen begangen hat. So ist es auch mit dem Volk Israel geschehen, ‚außer dass es von der quantitativen Seite schwer bestraft wurde [6.000.000 Opfer], war die Strafe siebenmal so schwer, als sie eine Gemeinde traf, welche die beste der Generation war …'"

Hier noch zwei Beispiele, wie Ultraorthodoxe die Schoa für ihre ideologischen beziehungsweise politischen Zwecke verwenden:
Der Führer der Agudat Israel, Rabbiner A. I. Karlitz (HaChason Isch) wurde in einem Artikel, der in der ultraorthodoxen Zeitschrift „Diglenu" 1990 erschienen ist, zitiert: „Der Zionismus verursachte alles Unglück, an dem das jüdische Volk zu leiden hatte – und darunter anscheinend auch die Schoa."
Ende 1996 erklärte Pinchas Horowitz, stellvertretender Präsident der orthodoxen Agudat Israel, während einer Pressekonferenz seiner Organisation in Jerusalem: „Wenn wir den Schabbat halten, dann wird der Staat bestehen, wenn nicht, dann wird hier ein neuer Hitler kommen." Und Horowitz weiter: „95 Prozent der Juden in Deutschland gehörten zur Reformbewegung und waren Assimilierte, die so gelebt haben wie die Deutschen, und gerade dort ist ein Hitler hochgekommen, der sechs Millionen Juden getötet hat. Es ist klar, dass die Reformbewegung die Verantwortung für die Schoa trägt. Das ist eine Tatsache. Dort gab es keine religiösen Juden. Das lehrt uns, wenn man das Judentum, den Schabbat und den Glauben an Gott vernichtet, dann kommt ein Hitler hoch" (Haaretz, 2. 12. 1996).
Viele Ultraorthodoxe kehren also den Spieß um und machen den „Zionismus" für die Schoa verantwortlich. Während Humanisten aus der Schoa ganz andere Konsequenzen ziehen, sehen sich ultraorthodoxe Kreise in ihrer Ideologie bestätigt. Anstatt sich mit den wirklichen Problemen des Judentums zu beschäftigen, beschränken sie sich auf rituelle Kulthandlungen und lehnen alles „Fremde" und „Neue" konsequent ab. Aber diesbezüglich kann man unterscheiden zwischen konservativen Ultraorthodoxen, die sich nicht in die Tagespolitik mischen und auf die Erlösung durch den Himmel warten, und den ultraorthodoxen Bewegungen, die sich nicht nur gegen die Nachbarn Israels, sondern auch gegen die „assimilierten" Ketzer innerhalb des Judentums wenden.
Keine Frage, dass der leider unter Juden ebenfalls stärker werdende religiöse Fanatismus dazu führt, dass aus den reichen Ländern des Westens in gesteigertem Maße Ultraorthodoxe einwandern. Doch je mehr sich der Fanatismus in Israel breit macht, umso weniger wird dieses Land attraktiv für die Einwanderung säkularer Juden, die ja in der Mehrheit sind. Und wenn diese Fanatiker vorgeben, sie möchten

durch ihr Beispiel gegen die Assimilation wirken, so erreichen sie genau das Gegenteil, denn eine solche Religion ist für den durchschnittlichen Juden im Ausland nicht akzeptabel, und mancher, der kein anderes Judentum wahrnimmt, löst dann alle seine Verbindungen mit dem Judentum, d. h., er schüttet das Kind mit dem Bade aus.
Manche Politiker versuchen in ihren Reden, der Schoa nachträglich einen Sinn zu geben. Diese Katastrophe kompensieren sie mit der Entstehung des jüdischen Staates. Das Instrumentalisieren der Schoa und hochtrabende Phrasen von „der Erlösung des jüdischen Volkes" sollen nur von der Realität ablenken, dass der jüdische Staat sich in der Praxis mit ähnlichen Problemen auseinander setzen muss wie auch andere kleine Staaten, Probleme, die nicht im Sinne eines freiwilligen Ghettos – das sich im permanenten Krieg mit seinen Nachbarn befindet – gelöst werden können. Die weit verbreitete Auffassung, dass jedes Volk seine Lebenskraft nur durch Gewaltanwendung beweisen kann und muss, ist nur zu erklären, weil das jüdische Volk viele Jahrhunderte bar jeder Macht war und in den wenigen Jahrzehnten seine selbstständige Existenz nur mit Waffen verteidigen konnte.
Seit einigen Jahren diskutieren Orthodoxe, was denn Priorität hat, Menschenleben oder geheiligtes Territorium. Und auch in dieser Diskussion wird einem mit dem Trauma der Schoa belasteten Volk von Extremisten vorgegaukelt, dass jeder Kompromiss, jeder Verzicht auf einen Quadratzentimeter der 1967 eroberten Gebiete einer Schoa gleicht.
Es ist Brauch vor dem letzten Satz des Kaddisch, des jüdischen Trauergebetes – „Der Frieden schaffet in seinen Höhen, der schaffe den Frieden unter uns und über sein ganzes Volk Israel. Amen!" –, zwei Schritte rückwärts zu gehen, um Kompromissbereitschaft und Friedenswillen zu demonstrieren. Auch das ist beste jüdische Tradition.

14. Ausblick

Wer Differenzen und Konflikte im Judentum und insbesondere den „Bruderzwist" in Israel kritisch unter die Lupe nimmt und Prognosen stellen will, gerät leicht in Gefahr, zum falschen Propheten zu werden, weil zu vieles unberechenbar ist und die subjektiven Sympathien des Betrachters auch jede Vorhersage bestimmen.
Zuerst einmal ein optimistisches Szenario: Israel gibt sich eine Verfassung bzw. die Grundgesetze werden so erweitert, dass die Menschenrechte aller Bürger weitgehend gewährleistet sind. Das und ein vollständiger Frieden mit den Nachbarn würde Israel nicht nur zu einem wirtschaftlichen Aufschwung führen, sondern den jüdischen Staat auch für Einwanderer viel attraktiver machen und die Juden aus den westlichen Demokratien wieder stärker an Israel binden.
Die Mehrheit der Juden der Welt ist säkular. Außerhalb Israels sind viele dieser säkularen Juden Mitglieder von jüdischen Gemeinden, denn durch die religiöse Zugehörigkeit unterstreichen sie ihre jüdische Identität. Ob und wie die religiösen Bewegungen der Reform und der Konservativen hier zu einer wichtigen Kraft werden, wie das bereits in den USA der Fall ist, wird sich zeigen. Hier gehen die Meinungen weit auseinander, israelische Demographen und Autoren neigen dazu, wegen der vielen „Mischehen" und weil in der westlichen Welt in der Regel der politische Antisemitismus nicht mehr salonfähig ist, ein allmähliches Verschwinden des Judentums an die Wand zu malen. Andererseits glauben alle religiösen Strömungen im Judentum diesen Trend aufhalten zu können und bemühen sich darum, die Juden zurück „zur Antwort", d. h. zurück zum Glauben und zur religiösen Praxis zu bringen.
In Israel laufen die Dinge anders, hier lebt man in einer mehrheitlich jüdischen Gesellschaft und die jüdische Identität ist keine Frage der religiösen Praxis. Auch hier versuchen die religiösen Strömungen die Juden zurück „zur Antwort" zu bringen, andererseits bringt die säkulare Umgebung doch viele Orthodoxe zurück „zur Frage", zum Ausbruch aus einem selbst gewählten oder geerbten Ghetto, in dem viele streng orthodoxe Juden leben. Die in unserem Buch geschilderte besondere Aggressivität von Teilen der orthodoxen Gesell-

schaft resultiert ja vielfach aus ihrer begründeten Angst vor einer offenen, demokratischen Gesellschaft.
Natürlich kann das Pendel auch in eine andere Richtung ausschlagen. Durch weitere Begünstigung der orthodoxen Gesellschaft könnte ihre politische Kraft noch wachsen und sie könnte einen entscheidenden Einfluss nehmen auf die Prioritäten des Staates. Eine solche Entwicklung würde dem Staat Israel schweren Schaden zufügen und ihn weniger attraktiv für die meisten Juden der Welt machen.
Zu bedenken ist: Der Staat Israel befindet sich im Nahen Osten, in dessen Gesellschaften auch eine Auseinandersetzung zwischen Aufklärung und Fanatismus stattfindet. Die Entwicklung in den arabischen Ländern beeinflusst Israel und es ist zu erwarten, dass ein kommender Frieden auch seinen Beitrag zum Abbau von Fanatismus auf beiden Seiten leistet. Doch es wäre töricht, würde man die Augen vor den drohenden Gefahren schließen. Man muss „das Beste hoffen und auf das Schlimmste vorbereitet sein".
In Israel wird seit Jahren darüber diskutiert, ob denn bereits in der Definition Israels als jüdischer und als demokratischer Staat ein Widerspruch enthalten sei. Sollte es gelingen, die Idee der Nation mit der Idee der Menschenrechte in Einklang zu bringen, dann wird die Mehrheit einsehen, dass Israel seine politische Kultur verbessern muss, damit alle kleinen und großen Strömungen im Judentum nebeneinander und miteinander leben können. Eine solche Entwicklung ist möglich und wünschenswert, denn es gibt keinen Widerspruch zwischen den allgemeinen humanistischen Werten und den humanistischen jüdischen Werten.
Wenn der Weg in Richtung eines dauerhaften Friedens beschritten wird und ein jüdisches und demokratisches Israel aufblüht, dann könnte der Bruderzwist beseitigt oder wenigstens stark reduziert werden. Darauf hoffend haben wir dieses Buch geschrieben.

Dr. Theodor Much und Karl Pfeifer

Glossar

Aggada: Legendäre Überlieferung im Rahmen des Talmud (enthält Geschichten, Anekdoten, biblische Kommentare).

Agudat Israel: 1912 gegründete orthodoxe Bewegung zur Bekämpfung des Zionismus. 1923 Entscheidung für eine orthodoxe Besiedlung Palästinas. Ihr Vertreter unterzeichnete 1948 die Unabhängigkeitserklärung des Staates Israel. Seither pragmatische Haltung zum Staat.

Aguna: Von ihrem Ehemann verlassene, aber nicht geschiedene Frau. Kann sich nach jüdisch-orthodoxem Gesetz nicht wieder verheiraten (selbst dann nicht, wenn der Ehemann über Jahre verschollen ist). Im nicht orthodoxen Judentum obsolet.

Amalek: Enkel von Esau und biblisches – heute nicht mehr existierendes – Volk. Mit den Amalekitern kam es südlich des Toten Meeres zu einer Schlacht, die laut 2 Mose 17, 8–16 eine Urfehde zwischen Amalek und Israel begründet hat. Amalek wird von orthodoxen Chauvinisten auch als Synonym für Araber gebraucht, und vor den Wahlen 1996 wurde in einigen ultraorthodoxen Publikationen die israelische Linke als Amalek bezeichnet.

Aschkenasim: Bezeichnung für Juden, die aus Zentral- und Osteuropa stammen.

Bar Mizwa: Wörtlich „Sohn des Gebots". Feier zum 13. Geburtstag eines Knaben, der damit gebotspflichtig (im Sinne von religiöser Volljährigkeit) geworden ist und nun zum gleichberechtigten Mitglied der Gemeinde wird. Höhepunkt der Feier ist der Aufruf des Knaben zur Thora. Er spricht die Segenssprüche, liest (einen Teil) des Wochen- und Prophetenabschnittes und hält eine Drascha (Vortrag) über den von ihm vorgelesenen Text. Die entsprechende Feier für Mädchen – die Bat Mizwa – wird vor allem in nicht orthodoxen Gemeinden gefeiert.

Beit Din: Rabbiner-Gremium, das sich heutzutage vorwiegend mit Übertritten, Adoption und Scheidung befasst und aus mindestens drei Rabbinern bestehen muss.

Chabad: Ultraorthodoxe chassidische Frömmigkeitsbewegung, die im 18. Jahrhundert entstand, nach ihrem Gründer, der Rabbiner im russischen Lubawitsch war, auch Lubawitscher Gruppe genannt. Chabad ist Abkürzung für Chochma (Weisheit), Bina (Verstand), Daat (Wissen). Chabad missioniert säkulare Juden und tritt gegen jeden territorialen Kompromiss Israels ein.

Chaliza (siehe Levirate-Hochzeit)

Chassidismus: Mystisch gestimmte religiöse Erneuerungsbewegung mit Ursprung in Osteuropa.

Diaspora: „Zerstreuung"; alle Länder außerhalb von Israel, in denen Juden (infolge der Vertreibung aus der Heimat) leben.

Din: Ein säkulares oder religiöses Gesetz, eine Rechtsentscheidung oder ein Rechtsstreit.

Din Thora: Ein rabbinisches Gericht, das nach jüdischem Recht entscheidet, ist nur gültig, wenn beide Parteien die Entscheidung akzeptieren.

Gemara: Vervollständigung der Mischna; Mischna und Gemara bilden zusammen den Talmud.

Get: Ehescheidungsbrief (im Reformjudentum abgeschafft).

Gjur: Übertritt zum Judentum.

Gusch Emunim: „Block der Getreuen", extremistische religiöse Siedlerbewegung.

Halacha: Gesetzlicher Teil der mündlich überlieferten Thora. Grundlage des gesamten jüdisch-orthodoxen Gesetzeskodex.

Haredim (die Besorgten): Nicht zionistische Ultraorthodoxe.

Holocaust: Wörtlich „Brandopfer". Die Katastrophe der Ermordung von sechs Millionen Juden durch die Nationalsozialisten (ein Drittel der damaligen jüdischen Weltbevölkerung).

Jeschiwa: Thora- und Talmud-Lehranstalten für Knaben.

Kaddisch: Lobpreisung Gottes; altes aramäisches Gebet am Ende des täglichen und des Festtagsgottesdienstes; ein Gebet, das auch von Trauernden gesprochen wird (obwohl „Tod und Trauer" darin nicht vorkommen).

Karäer: Jüdische Sekte, die zwischen dem 8. und 10. Jahrhundert weit verbreitet war, nur die schriftliche Thora anerkannte und den Talmud ablehnte.

Kascher (Koscher): Religionsgesetzlich „reine" und daher erlaubte Lebensmittel.

Ketuba: Schon im 2. Jahrhundert v. d. Z. in Palästina eingeführter, in aramäischer Sprache verfasster, oft farbig dekorierter Ehevertrag, der den ursprünglichen Zweck hatte, Frauen im Falle einer Scheidung oder bei Ableben des Ehemannes finanziell abzusichern und gleichzeitig dem Mann eine willkürliche Scheidung zu erschweren. Während der Hochzeitszeremonie, nach Übergabe des Ringes durch den Mann an die Frau (in progressiven Synagogen übergibt auch die Frau einen Ring an den Mann), ist es üblich, dass der Rabbiner den Vertrag vorliest. Progressive Rabbiner lesen oft den Text in hebräischer Sprache vor.

Ketzer: Ursprünglich jüdische religiöse Gruppen oder Einzelpersonen, die wegen ihrer Abweichung von jüdischen Normen ausgestoßen wurden.

Kiddusch: Segnung des Weines und Brotes (wird vor dem Schabbatmahl und anderen Festlichkeiten gesprochen).

Kippa: Kopfbedeckung, die entweder ständig oder nur während des Gebets getragen wird.

Klal Israel: Bezeichnung für die Vorstellung, dass alle Juden als Teil desselben Volkes miteinander verbunden sind, und das trotz ihrer religiösen und kulturellen Unterschiede und verschiedener Nationalität.

Knesset: Israels Parlament mit 120 Abgeordneten. Alle vier Jahre nach dem Verhältniswahlrecht neu gewählt. Es kann sich jedoch bereits vor Ende der Legislaturperiode auflösen.

Kohen: Ursprünglich Priester im Tempel. Abkömmling des Priesters Aaron (in nicht orthodoxen Synagogen heute obsolet).

Kol Nidre: Aramäisch vorgetragenes Eröffnungsgebet am Vorabend des Versöhnungstages.

Konservatives Judentum: Nicht orthodoxe Strömung im Judentum, im Allgemeinen traditionsbewusster als das Reformjudentum.

Leviratsehe: Ursprünglich zum Schutz der kinderlosen Witwe eingeführtes Gesetz (abgeleitet aus Dtn 25, 5–10), das den Schwager der Witwe (der – wie es damals üblich war – oft im gleichen Haushalt lebte) zwang, die Frau zu heiraten. Wollte er sie nicht heiraten, dann wurde er mit der (für ihn erniedrigenden) Zeremonie der Chaliza bedroht. Später wurde die Leviratsehe verboten, die widerwärtige Chalizazeremonie aber nicht abgeschafft.
Auf heute bezogen gilt für orthodoxe Juden Folgendes: Eine kinderlose Witwe kann erst dann wieder heiraten, wenn der Schwager die Zeremonie der Chaliza über sich ergehen lässt. Weigert er sich, dann gilt die Witwe als Aguna und kann nicht mehr heiraten. Bei dieser Zeremonie muss er öffentlich erklären, dass er die Witwe nicht heiraten will (was er laut Gesetz sowieso nicht kann, selbst dann, wenn er sie wirklich heiraten will). Ist ein Schwager gar nicht in der Lage, an dieser Zeremonie mitzuwirken (bei Geisteskrankheit, zu jugendlichem Alter, als Abtrünniger etc.), dann gilt die Witwe ebenfalls als Aguna.

Mamser: Kind aus religionsgesetzlich verbotener Ehe (im nicht orthodoxen Judentum obsolet).

Mandatsregierung: Im Juli 1922 übertrug der Völkerbund Großbritannien das „Palästina-Mandat", d. h. die Verwaltung des Landes Israel. Seit 1918 verwaltete Großbritannien bereits dieses Gebiet – damals – westlich und östlich des Jordans.

Messianismus: Der Glaube an und die Erwartung eines Befreiers oder Erlösers.

Midrasch: Methode der Bibelexegese. Suche nach Bedeutung, Erforschung und Auslegung biblischer Texte, um rabbinische Lehren zu bestätigen.

Mikwe: Rituelles Bad.

Minjan: Das für bestimmte öffentliche Gottesdienste erforderliche Quorum von zehn erwachsenen Juden (im orthodoxen Judentum zählen nur die Männer).

Mischna: Sammlung von religionsgesetzlichen Vorschriften und Auslegung der mündlich überlieferten Thora.

Mischne Thora: Von Maimonides verfasster systematisierter Kodex der ganzen Halacha, auch „Jad Chasaka" genannt.

Mizwa: Eine von den 613 Gottesgeboten/Gebotserfüllungen/Verhaltensmaßregeln, auch im Sinne einer guten Tat.

National-Religiöse Partei (NRP oder hebräisch Mafdal): Zionistische Partei, ursprünglich politisch wie religiös gemäßigt. Seit 1967 vertritt die Partei eine kompromisslos harte nationalistische Linie. Die Partei kämpft für die Schaffung von Großisrael, das heißt für die jüdische Siedlungspolitik und für die Annexion der besetzten Gebiete.

Orthodoxie: Streng gläubige jüdische Richtung: Verbindlichkeit der schriftlichen und mündlichen Überlieferung. Glaubt, dass die gesamte Thora am Berg Sinai Moses übergeben wurde. Innerhalb der Orthodoxie bestehen unterschiedliche Gruppierungen, von moderat orthodox bis hin zur Ultraorthodoxie. Sieht sich weltweit als alleinige Vertreterin des Judentums und wird vom Staat auch als solche anerkannt.

Pentateuch: Die 5 Bücher Mose (Genesis/Gen, Exodus/Ex, Leviticus/Lev, Numeri/Num, Deuteronomium/Dtn); nach orthodoxer Tradition komplett von Moses niedergeschrieben; laut „Wissenschaft vom Judentum" von mehreren Autoren verfasst.

Pharisäer: Partei der „Abgesonderten" (Peruschim) und Gegner der Sadduzäer. Im Neuen Testament (zu Unrecht) als „Heuchler" beschrieben.

Progressives Judentum (siehe Reformjudentum)

Prosbul: Gesetzliche Formulierung des Hillel, um den (biblischen) Schuldenerlass im siebenten Jahr zu umgehen.

Proselyt: Neubekehrter.

Rabbiner(in): Lehrer(in), Seelsorger(in), Prediger(in), Leiter(in) des Gottesdienstes.

Reformjudentum: Anfang des 19. Jahrhunderts entstandene Richtung, die das orthodoxe Judentum modernisieren wollte. Heute werden die Adjektive: reform, liberal und progressiv synonym verwendet. Zum nicht orthodoxen Judentum zählt auch das konservative und rekonstruktionistische Judentum. Hauptverbreitungsgebiet: USA, Großbritannien, Frankreich und Australien.

Responsa: Sammlung von Urteilsentscheidungen rabbinischer Autoritäten (Ergänzung und Erweiterung der mündlichen Thora). Aufgrund von Präzedenzfällen muss der Rabbiner über Einzelfälle entscheiden.

Rückkehrgesetz (1950): Gewährt jedem Juden das Recht, nach Israel einzuwandern und die Staatsbürgerschaft zu erlangen. Dieses Gesetz wurde 1970 ergänzt mit der Bestimmung, dass ein zu einer anderen Religion konvertierter Jude nicht im Sinne dieses Gesetzes nach Israel einwandern kann. Nicht jüdische Ehepartner bzw. die nicht jüdische Familie sind im Sinne des Gesetzes gleichberechtigt.

Sadduzäer: Partei der Priester, Gegner der Pharisäer; glaubten nicht an die mündliche Überlieferung.

Säkular: Weltlich, nicht religiös.

Sanhedrin: Versammlung der 71 Ältesten im alten Jerusalem; „oberster Gerichtshof".

Schabbat: Der siebente Wochentag. Ruhetag für Mensch und Tier. Heiligster Feiertag im Judentum.

Schass: Orthodoxe Partei sephardischer Juden, vom ehemaligen sephardischen Oberrabbiner Owadia Josef – mit Unterstützung von Rabbiner Elieser Schach – 1984 gegründet und von Arie Deri, der 1999 wegen passiver Bestechung vom Jerusalemer Bezirksgericht zu vier Jahren Haft verurteilt wurde, angeführt. Er konnte dieser Partei – nach seiner Verurteilung – zu einem großen Wahlerfolg verhelfen. Während Schass 1996 zehn Abgeordnete hatte, ist sie nun mit 17 Abgeordneten vertreten.

Schoa: Wörtlich „Katastrophe". Hebräischer Begriff für den Holocaust.

Schulchan Aruch: Der „wohlgeordnete Tisch". Für orthodoxe Juden verbindliche Gesetzessammlung ihrer Lebensweise (Josef Karo, 16. Jahrhundert).

Sephardim: Juden, die aus Spanien oder dem Orient stammen.

Synagoge: Die Synagoge ist mehr als nur ein Haus des Gebets (Beit ha-Tefilla). Sie ist gleichzeitig ein Ort des Lernens (Schule) und ein Versammlungshaus, auch für gesellige Zusammenkünfte.

Talmud: Wörtlich: „Studium“, „Lehre“. Ca. im 5. Jahrhundert n. d. Z. beendete, aus Gemara und Mischna bestehende „Enzyklopädie des Lehrgutes“; Hauptwerk des rabbinischen Judentums.

Tenach: Hebräische Abkürzung (Torah – Newiim – Ketubim) für die gesamte Heilige Schrift.

Theokratie: Gottesherrschaft; Staatsform, in der die staatliche Ordnung von der Priesterschaft auf Basis der Religion gestaltet wird.

Thora: Die 5 Bücher Mose: Genesis / Exodus / Leviticus / Numeri / Deuteronomium.

Traditionelles Judentum: Traditionell werden in Israel hauptsächlich Sephardim genannt, die das rabbinische Establishment zwar achten, jedoch wichtige Gebote wie den Schabbat und Kaschrut nur mangelhaft oder gar nicht halten.

Zeloten: Partei der religiösen und gewaltbereiten Eiferer zur Zeit der römischen Besatzung.

Zion: Ursprünglich die Bezeichnung für einen Jerusalemer Hügel, später Synonym für Jerusalem und das gesamte Heilige Land.

Quellen

zu den Texten von Karl Pfeifer

Deutsch

Erich Fromm: Das jüdische Gesetz, Zur Soziologie des Diaspora Judentums, Heyne, München 1989

Israelitisches Wochenblatt, Zürich, E-Mail: verlag@iwrj.ch

Israel von A–Z, Israel Information Center, Jerusalem 1997

Michael Karpin, Ina Friedman: Der Tod des Jitzhak Rabin, Anatomie einer Verschwörung, Rowohlt, Reinbek 1998

Amnon Kapeliuk: Rabin, ein politischer Mord, Nationalismus und rechte Gewalt in Israel, Vorwort von Lea Rabin, Palmyra Verlag, Heidelberg 1997

Gilles Kepel: Die Rache Gottes, radikale Moslems, Christen und Juden auf dem Vormarsch, Piper, München 1994

Walter Laqueur: Der Weg zum Staat Israel, Geschichte des Zionismus, Europa Verlag, Wien 1975

Jeshajahu Leibowitz: Gespräche über Gott und die Welt, mit Michael Shasar, Alibaba Verlag, Frankfurt am Main 1990

Neue Zürcher Zeitung (NZZ) http://www.nzz.ch/online/index.htm

Karl Pfeifer: Nicht immer ganz bequem, Apfel Verlag, Wien 1996

Kurt Schubert: Jüdische Geschichte, Beck, München 1995

Baruch de Spinoza: Theologisch-politischer Traktat, Felix Meiner Verlag, Hamburg 1994

Englisch

Haim Cohn: Who is a Jew? In: Secular Humanistic Judaism Nr. 1, February 1986, Jerusalem

Free Judaism & Religion in Israel, Editor: Yaakov Malkin, P.O.Box 71186, Jerusalem 91711, Israel

Jewish Values, Keter, Jerusalem 1974

Yaakov Malkin: What do secular Jews believe, Pluralism in Judaism, culture of a nation, Free Judaism P.O.Box 71186 Jerusalem 91711, Israel 1998

The Principles of Jewish Law, Encyclopaedia Judaica, Edited by Menachem Elon, Keter, Jerusalem 1975
Religious Freedom and Pluralism in Israel: An International Civil Rights Perspective, Religion and State in Israel in Light of the Provisions of the International Covenant on Civil and Political Rights (1966) 1998, Israel Religious Action Center, 18 Shlomzion Hamalka Street, Jerusalem
Haaretz, English edition, Tageszeitung, http://www.haaretzdaily.com/
Jerusalem Post, Tageszeitung, http://www.jpost.com/
Seminar Marriage and Divorce in Israel, The Individual and the Establishment, The Association of Americans and Canadians in Israel (AACI)

Hebräisch
Oz Almog: Hazabar – djokan, Am Oved, Tel Aviv 1997
Schlomo Ben-Ami: Makom lekulam, Hakibbuz Hameuchad 1998
Haim Cohn: Halachot mesukanot, Jahadut chofschit, Dezember 1995
Ehud Ben-Ezer: Ein schaananim bezion, Am Oved, Tel Aviv 1986
Ascher Cohen: Hatalit vehadegel: Hazionut hadatit vechason medinat hatora bijemei reschit hamedina, Jad Jizchak Ben Zvi, Jerusalem 1998
Dat vemedina bejisrael 1994–1995, Jahadut mitkademet bejisrael, Jerusalem 1996
Dat vemedina bejisrael 1993, Jahadut mitkademet bejisrael, Jerusalem 1994
Boas Evron: Hacheschbon haleumi, Dvir, Tel Aviv 1988
Naomi Galor: Hamachteret hejehudit: Terrorism schelanu, Hakibbutz Hameuchad 1990
Josef Gorni: Hachipus achar hasehut haleumit, Mekoma schel Medinat Jisrael bemachschawa hajehudit haziburit beschanim 1945–1987, Am Owed 1990
Rivka Grinboum: Agalato Haamusa schel Hason Isch, Jaron Golan, Tel Aviv 1996
Levi Jizchak Hajeruschalmi: Hakippa haschaletet, Hakibbuz Hameuchad 1997

Yehoschafat Harkabi: Hachraot goraliot, Am Owed 1986
Menachem Hofnung: Jisrael bitachon hamedina mul schilton hachok, 1948-1991, Nebo, Jerusalem 1991
Neri Horowitz: Meorot harav kuk lechaschehat hakikarot, Mifne, Januar 1996
Jair Kotler: Heil Kahane, Modan 1985
Muli Peleg: Lehafiz et saam hael, megusch emunim ad kikar Rabin, Hakibbuz Hameuchad 1997
Dina Porat: Hanhaga bemilkud, Hajischuv nochach haschoa 1942–1945, Am Oved, Tel Aviv 1986
Zwi Raanan: Gusch Emunim, Sifriat Poalim, 1980
Seffi Rachlevsky: Chamoro schel meschiach, Jediot Achronot, Tel Aviv 1998
Menachem Rahat: Schass haruach vehakoach, eich nizcha schass et hapolitika hajisraelit, alfa tikschoret, Tel Aviv 1998
Aviezer Ravitzky: Dat vemedina bemachschewet Jisrael, Hamechon hajisraeli ledemokratia, Jerusalem 1998
Aviezer Ravitzky: Cherut al haluchot, Kolot acherim schel hamachschawa hadatit, Am Oved, Tel Aviv 1999, http://www.idi.org.il
Aviezer Ravitzky: Hakez hamegule vemedinat hajehudim, meschichiut, zionut veradikalism dati bejisrael, Am Oved, Tel Aviv 1993
Nathan Rotenstreich: Bein hanachot jesod lemeziut, Am Oved, Tel Aviv 1991
Eliezer Schweid: Ben Churban lijeschua, Hakibbuz Hameuchad 1994
Eliezer Schweid: Likrat tarbut jehudit modernit, Am Oved, Tel Aviv1995
Eliezer Schweid: Moledet vearetz jeuda, Am Oved, Tel Aviv 1997
Tom Segev: Hamillion haschwii, Hajisraelim vehaschoa, Keter, Jerusalem 1991
Mosche Semer: Halacha schfuja, Dvir, Tel Aviv 1993
Ehud Sprinzak: Isch hajaschar beeinav, Ilegalism bechevra hajisraelit,Sifriat Poalim, hadpasa schnia 1987
Ehud Sprinzak: Ben Mechaa Hutzparlamentarit leterror, Alimut politit bejisrael, Mechon Jeruschalaim lecheker Israel, Jerusalem 1995
Gerschon Weiler: Teokratia jehudit, Am Oved, Tel Aviv 1976

Hebräische Zeitungen, Zeitschriften und Broschüren
Haaretz
Yedioth Achronot
Maariv
Beschaar, khila akademit lemaan hachevra bejisrael, April 1999, E-Mail: viki48@internet-zahav.net.il
Ravgoni, Jerusalem Juli 1998 Jisrael kemedina jehudit vedemokratit
Bimat Van Leer, Jisrael vehatefutsot – al paraschat drachim, bezel chok hahamara vevaadat Neeman, Jerusalem 1998
Jahadut Chofschit 1994 – 1999 http://www.hofesh.org.il E-Mail: techila@netvision.net.il, webmaster@hofesh.org.il
Leket mida, IRAC 1998–1999, http://www.irac.org, E-Mail: irac@actcom.co.il
Meimad, 1998–1999
Ben hachrasa lemeziut, al chofesch dat vemazpun bejisrael leor hachrasat zchujot haadam, merkas lepluralism jehudi, Jerusalem 1998
Hofesch bchira betekes hanisuin, madrich lechatuna chukit bechuz-laarez, Hamerkas lepluralism jehudi
Kuntras Daat emet, teivat doar 39425, Tel Aviv 61393, E-Mail: daatemet@netvision.net.il

Weiterführende Literatur

zu den Beiträgen von Theodor Much

Leo Baeck: Das Wesen des Judentums, 1905, Wiesbaden 1995

Tony Bayfield: Fundamentalism and Reform Judaism, London 1997

Schalom Ben-Chorin/Verena Lenzen: Jüdische Theologie im 20. Jahrhundert, München 1988

Israel Ben Yosef: Lebendiges Judentum, Konstanz 1995

Eugene Borowitz: Renewing of the Covenant. A Theology for Postmodern Jews, New York 1984

Richard E. Friedman: Wer schrieb die Bibel?, Bergisch-Gladbach 1992

Hans-Jochen Gamm: Das Judentum. Eine Einführung. Frankfurt 1981

David Goldberg/John Rayner: The Jewish People, London 1987

Arthur Hertzberg: Die Grundlagen der jüdischen Religion, München 1993

Walter Homolka: Leo Baeck. Zwischen Geheimnis und Gebot. Auf dem Weg zu einem progressiven Judentum in der Moderne, Osnabrück 1997

Walter Homolka/Albert Friedlander: Von der Sintflut ins Paradies. Der Friede als Schlüsselbegriff jüdischer Theologie, Darmstadt 1993

Moshe Ish-Horowicz: Halacha Orthodoxy and Reform, London 1988

Walter Jacob: American Reform Responsa. Jewish Questions, Rabbinic Answers, New York 1983

Walter Jacob/Moshe Zemer: Conversion to Judaism in Jewish Law, Tel Aviv/Pittsburgh 1994

Walter Kolatsch: „Jüdische Welt verstehen. 600 Fragen und Antworten, Wiesbaden 1996

Peter Landesmann: Die Juden und ihr Glaube, Berlin 1990

ders.: Die Juden und ihre Widersacher, München 1989

Dow Marmur: Reform Judaism, RSGB 1973
ders.: A genuine Search, RSGB 1979
Michael Meyer: Response to Modernity, Oxford 1988
ders.: Antwort auf die Moderne, Wien 1999
Theodor Much: Judentum, wie es wirklich ist. Die bedeutendsten Prinzipien und Traditionen. Die verschiedenen Strömungen. Die häufigsten Antijudaismen, Wien 1997
Pnina Nave Levinson: Einführung in die rabbinische Theologie, Darmstadt 1993
ders.: Einblicke in das Judentum, Paderborn 1991
ders.: Was wurde aus Saras Töchtern? Frauen im Judentum, Gütersloh 1989
ders.: Eva und ihre Schwestern. Perspektiven einer jüdisch-feministischen Theodologie, Gütersloh 1992
Jacob Petuchowski/Clemens Thoma: Lexikon der jüdisch-christlichen Begegnung, Freiburg i. Br. 1994
W. Gunther Plaut: The Rise of Reform Judaism, New York 1963
John Rayner: Jewish Religious Law. A Progressive Perspective, New York/Oxford 1998
Jonathan Romain/Walter Homolka: Progressives Judentum. Leben und Lehre, London 1991/München 1999
Walter Rothschild: Jewish by Choice. A comprehensive and structured resource for the study of Basic Judaism, Leeds 1994
Julius Schoeps: Neues Lexikon des Judentums, Gütersloh/München 1998
Kurt Schubert: Jüdische Geschichte, München 1995
Esther Seidl/Walter Homolka: Nicht durch Geburt allein – Übertritte zum Judentum, München 1999
Horst Seidler: Im Namen der Rasse, Jüdisches Echo, Vol. 44, Okt. 1995
Phillip Sigal: Judentum, München 1986
Leo Trepp: Das Judentum, Reinbek 1969
ders.: Der jüdische Gottesdienst, Stuttgart 1992
Moshe Zemer: Jüdisches Religionsgesetz heute. Progressive Halacha, Neukirchen-Vluyn 1999

Die Autoren

Dr. Theodor Much, Jahrgang 1942, aufgewachsen in Tel Aviv, Studium der Medizin in Wien und Zürich, Facharzt für Dermatologie in Wien. 1990 war er Gründungsmitglied der ersten liberalen jüdischen Gemeinde in Wien und ist seither Präsident dieser Or-Chadasch-Bewegung. 1997 erschien im Verlag Kremayr & Scheriau sein Buch „Judentum, wie es wirklich ist“.

Karl Pfeifer, Jahrgang 1928, geb. in Baden bei Wien, 1943 Flucht nach Palästina, Erziehung im Kibbuz, 1946–1950 Dienst in der Elitetruppe Palmach und der israelischen Armee. 1951 Rückkehr nach Österreich. 1982 bis 1995 Redakteur des offiziellen Organs der jüdischen Gemeinde Wien, seither freier Journalist und Buchautor: „Kroatien, der Vatikan und die Juden“ in „Antisemitismus in Osteuropa“, Wien 1992, und „Nicht immer ganz bequem“, Wien 1996.

Urhebernachweis:
Folgende Beiträge wurden von Theodor Much verfasst:
1., 2., 3., 4., 5., 6., 9./9.1, 10., 11.1
Folgende Beiträge stammen von Karl Pfeifer:
Zahlen und Fakten, 7., 8., 9.2, 9.3, 11.2, 12., 13.